基于COMET能力测评的专业教学诊改机制研究与实践

首席专家　赵志群
主　　编　陈炳森　周　涛　梁建和
副 主 编　陈伟珍　贺敏超　梁小流　陆尚平　邓岐杏
参　　编　杨　青　黄淑芳　杨鸿锋　张　翔　巫尚荣
　　　　　陈小长　黄小娥　胡华丽　王大红　叶继新
　　　　　黄宁健　郭　磊
主　　审　龙艳红　李晓红　陈文勇
顾　　问　何　勇　黎柳均

北京理工大学出版社
BEIJING INSTITUTE OF TECHNOLOGY PRESS

版权专有　侵权必究

图书在版编目（CIP）数据

基于COMET能力测评的专业教学诊改机制研究与实践／陈炳森，周涛，梁建和主编．－－北京：北京理工大学出版社，2022.6
　　ISBN 978-7-5763-1417-5

Ⅰ．①基… Ⅱ．①陈… ②周… ③梁… Ⅲ．①产学研一体化-职业教育-教育改革-研究-中国　Ⅳ．①G719.21

中国版本图书馆CIP数据核字（2022）第105616号

出版发行／北京理工大学出版社有限责任公司
社　　址／北京市海淀区中关村南大街5号
邮　　编／100081
电　　话／（010）68914775（总编室）
　　　　　（010）82562903（教材售后服务热线）
　　　　　（010）68944723（其他图书服务热线）
网　　址／http：//www.bitpress.com.cn
经　　销／全国各地新华书店
印　　刷／三河市华骏印务包装有限公司
开　　本／787毫米×1092毫米　1/16
印　　张／12.5　　　　　　　　　　　　　　责任编辑／封　雪
字　　数／265千字　　　　　　　　　　　　　文案编辑／封　雪
版　　次／2022年6月第1版　2022年6月第1次印刷　　责任校对／刘亚男
定　　价／89.00元　　　　　　　　　　　　　责任印制／施胜娟

图书出现印装质量问题，请拨打售后服务热线，本社负责调换

序　言

目前，我国职业教育正处于由高速增长向高质量发展的新阶段，这需要建立高水平的职业教育质量保障体系，包括对学生学业成就的监控和评价。迄今为止，我国探索实施了多种不同规模和形式的职业教育学生学业成就评价方法，如职业资格鉴定、职业技能等级认定、专业技能水平综合测试等，它们有不同的目标和功能。各种形式的评价对职业教育质量保障总体上发挥了积极作用，但还存在评价内容不够全面、评价方法不够科学等问题。建立健全职业教育质量保障体系，包括职业能力评价制度，仍然是未来一段时间我国现代职业教育制度建设的重要任务。

COMET职业能力测评项目（COMET为英语Competence Measurement的简称），是一个由德国、中国、南非等多国合作职业教育国际比较研究项目开发的大规模职业能力诊断（Large-scale diagnostics）工具，其内涵相当于职业教育的PISA。该项目以一系列现代职业教育理论为基础，建立了职业能力模型和测评模型，并对此进行严格的心理测量技术验证，它不仅可以用于对学生职业能力水平进行诊断，还可以对职业认同感和职业承诺的整体情况进行评价。从2009年开始，北京师范大学等院校在职业教育改革创新项目中引入COMET测评方案。实践证明，COMET职业能力模型具有良好的跨职业、跨文化特点，可以实现不同院校、地区、国家间职业教育质量的比较，在我国教育部高职院校专业评估方案开发研究、"一带一路暨金砖国家技能发展与技术创新大赛"，以及世界技能大赛部分赛项中得到了应用，成为世界上第一个得到实际应用的大规模职业能力测评方案。

实践证明，COMET职业能力测评有以下功能：

一、兼顾发展特点，全面掌握职业能力发展状况。传统考试评价学生能力发展状况的依据只是分数，分数越高表示能力水平越高。但是采用COMET测评时，测评结果可以反映学生个人、专业、职业院校、地区等不同单位的职业能力水平、能力等级和认知特征（能力轮廓），可通过整体能力水平比较分数相近学生的能力发展特征差异。COMET的能力轮廓图还可以展示认知结构差异在各项指标上的表现。

二、诊断教学质量，实施职业教育质量监控。COMET测评不仅能诊断学生个体的职业能力发展状况，还能识别职业院校教师职业能力水平与人才培养质量的关系。分析结果显示，学生职业能力发展较好的院校通常教师的职业能力水平也较高，教师和学生的职业能力轮廓呈现相似的结构，有学者称之为教师对学生职业能力的"传递现象"。多院校、跨地区的大规模测评结果也为较大范围的教育质量诊断和教育改革效果评估提供了科学的方法和依据。

三、识别影响因素，指导工学结合课程改革。COMET 能力测评根据参测对象的具体特征选择适宜变量，获取影响职业能力发展的参数。如果结合准实验研究设计，可以对职业能力的实际影响进行更严谨的检验，这是核验教育改革创新项目取得实际成果的理想方法。研究发现，良好的课程安排、学习任务设计、教师支持和教学等对学生的职业能力和职业认同感发展有积极的影响。

四、引入真实性评价，完善现有技能评价手段。COMET 测评基于职业的典型工作任务开发试题，使用综合性任务进行纸笔测试，采用基于职业能力模型的通用评分标准和特定解题空间诊断职业认知特征，在保证质量的同时大大降低了成本。以 COMET 职业能力模型为蓝图，对技能大赛试题职业效度的典型案例分析发现，COMET 职业能力模型和测评方案对于技能大赛试题的完善，以及 1+X 证书职业技能评价的内容和形式，提供了有益的参考。

专业教学诊断与改进是当前职业院校教学工作的重点之一，对具体教学部门而言也是难点。基于 COMET 职业能力测评的评价活动，对完善实践教学过程、有效提高实践教学质量和培养目标的达成度，具有重要的意义。我们欣喜地看到，参与本项目的职业院校在此方面进行了大量卓有成效的探索。职业院校和企业的相关专家、教学和管理工作者精诚合作，形成了一个跨专业、跨区域的能力测评研究和实践的"实践共同体"。大家发挥各自优势，集中集体的经验、智慧和力量，共同打造了一个相互交流、共同提高的平台。他们把自己的思考、研究和宝贵的工作经验记录下来，形成本书，内容涉及理论研讨和试点院校实践探索等多个方面。

目前职业院校的专业教师大多来源于学校而非企业，基于 COMET 职业能力测评开展实践教学改革，是一项很具挑战性的工作，需要教师不断丰富自己的实践经验并提高综合职业能力，这对教师的职业成长也起到了巨大的推动作用。本项目的实践证明，基于 COMET 能力测评开展专业教学诊断与改进，是一种行之有效的工作方法，它有助于教师及时找到专业人才培养过程中存在的问题与不足，通过有针对性地加强学生综合能力培养，有效提高了职业教育的人才培养质量。

希望本书的出版，能够帮助职业院校更快、更好、更容易地培养出社会所需要的高素质人才。衷心希望职业院校教师通过 COMET 能力测评和教学诊断与改进改革实践，更有效地提高受教育者的职业道德、科学文化与专业知识、技术技能等职业综合素质和行动能力，从而培养出更多更好的高素质技术技能人才，并为建立适合中国国情的职业教育质量保障体系作出自己的贡献。

北京师范大学职业与成人教育研究所　赵志群
2022 年 7 月 7 日

前　言

2020年5月，COMET职业能力测评国际联盟中方秘书处北京企学研教育科技研究院发出了《关于组织开展工业教育领域'基于COMET能力模型的教学改革研究与实践'课题项目的通知》（企学研字〔2020〕3号），在以赵志群教授为首席专家、以梁建和教授为专家组长的专家团队带领下，首批有20个项目当年就积极开展了研究，本专著是该研究课题的阶段性成果。

自2015年教育部公布《关于建立职业院校教学工作诊断和改进工作制度的通知》后，各高职院校在教学诊断与改进方面做了大量工作，但因为职业教育面临专业多、技术更新快等问题，能够形成科学的满足大规模质量监控的信度和效度要求的方法手段的案例很少。为此，广西水利电力职业技术学院相关系部一直在努力进行实践性研究。2015年，项目组主要成员参与了北京师范大学赵志群教授主持的国家级重点研究项目"中国现代职业教育质量保障体系研究"——职业院校学生和教师职业能力测评研究子课题的研究工作，并就机电类专业在全国率先组织了学生职业能力测评工作，取得了一定的经验。2017年起，与综合职业能力测评及专业教学质量诊改研究与实践相关的两个课题，先后获得广西职业教育教学改革研究项目立项，并随即开始系列研究与实践工作。

在教学质量诊改的目标、标准、设计、组织、实施、诊断、学习、创新、存储、改进10个环节中，标准和诊断是我们在推进教学诊改过程中最难的两个环节。为此，我们基于自主诊改的"数据分析与实际调研相结合"原则，及以往的职业能力测评和问卷调查经验，拟定了由基于COMET能力测评的专业教学诊改规程、COMET职业能力测评、基于职业能力培养的问卷调查三个模块组成的专业教学诊改方案，配合专业质量保证体系与管理制度，及专业设置标准、人才培养标准、人才培养方案，形成了专业教学诊改机制。

经过近5年的实践研究，加上项目组主要成员多次参加有关COMET能力测评培训和担任相关技能竞赛COMET能力测评模块的裁判工作，我们获得了比较成熟的经验和具体案例。在具体的诊断和三教改革过程中，往往会遇到很多细节问题，而这些问题又很难详细地全部给出分析和解决办法，为此，本专著详细给出了两个专业的教学整改案例和一个COMET能力测评在教学中的应用案例，希望能对同行们下一步的教学质量诊改有所帮助。

广西水利电力职业技术学院是本专著的主编单位。

作　者

2022年3月

目 录

第1章 概述 ·· 1

1.1 专业教学诊断与改进提出的背景 ··· 3
1.2 专著的主要内容结构 ·· 4
    1.2.1 基于 COMET 能力测评的专业教学诊改机制 ··· 4
    1.2.2 诊改与教学应用案例 ·· 4
    1.2.3 支撑附件 ·· 5
1.3 本专著主要解决的问题及解决方法 ··· 6

第2章 职业能力测评工具——COMET ··· 7

2.1 COMET 能力模型简介 ··· 9
2.2 COMET 职业能力模型的理论基础 ··· 11
2.3 职业能力测评的测试工具 ·· 12
2.4 COMET 要求维度与职业能力测评 ··· 13
    2.4.1 COMET 的直观性能力指标 ·· 13
    2.4.2 COMET 的功能性能力指标 ·· 14
    2.4.3 COMET 的使用价值导向性能力指标 ·· 14
    2.4.4 COMET 的经济性能力指标 ·· 14
    2.4.5 COMET 的工作过程导向性能力指标 ·· 15
    2.4.6 COMET 的社会接受度能力指标 ·· 15
    2.4.7 COMET 的环保性能力指标 ·· 15
    2.4.8 COMET 的创新性能力指标 ·· 16
    2.4.9 评分规则 ·· 16
2.5 能力水平的确定 ·· 17
    2.5.1 关于子能力、能力维度和能力水平 ··· 17
    2.5.2 能力指标和能力维度的分数值 ··· 18

2.5.3　确定一个人的职业能力水平 ··· 18
　2.6　观测点在机械领域的内涵理解 ··· 20
　　　2.6.1　直观性模块 ··· 20
　　　2.6.2　功能性模块 ··· 20
　　　2.6.3　使用价值导向性模块 ·· 21
　　　2.6.4　经济性模块 ··· 21
　　　2.6.5　工作过程导向性模块 ·· 22
　　　2.6.6　社会接受度模块 ·· 22
　　　2.6.7　环保性模块 ··· 23
　　　2.6.8　创新性模块 ··· 23

第3章　基于COMET能力测评的专业教学诊改机制 ····································· 25
　3.1　基于COMET能力测评的专业教学诊改方案 ····································· 27
　　　3.1.1　COMET职业能力测评 ··· 27
　　　3.1.2　基于职业能力培养的问卷调查 ·· 29
　　　3.1.3　基于COMET职业能力测评的教学诊改规程 ······························· 30
　3.2　专业质量保证体系与管理制度 ··· 32
　　　3.2.1　专业质量保证体系 ··· 32
　　　3.2.2　专业质量管理制度 ··· 33

第4章　基于COMET的机电一体化技术专业教学诊改案例 ··························· 53
　4.1　职业能力测评 ··· 55
　　　4.1.1　测评题目库建设 ·· 55
　　　4.1.2　测试任务例 ··· 56
　4.2　职业能力测评的实施及测评结果分析 ··· 59
　　　4.2.1　职业能力测评的实施 ·· 59
　　　4.2.2　测评结果分析 ·· 59
　　　4.2.3　从测评结果寻找原因 ·· 62
　4.3　问卷调查 ·· 64
　　　4.3.1　调查问卷设计 ·· 64
　　　4.3.2　调查结果的呈现与分析 ·· 65
　4.4　教学质量诊断与改进策略 ·· 74
　　　4.4.1　基于2015年测评和教学质量问卷调查结果的改进策略 ·················· 74
　　　4.4.2　基于2018年能力测评和问卷调查结果的改进策略 ······················· 75

4.5 职业能力测评的效果达成 ·· 77
    4.5.1 助力于学生的职业发展 ··· 77
    4.5.2 有助于促进教育教学改革 ··· 77
    4.5.3 推动质量保证体系的构建 ··· 77
    4.5.4 有助于合理地评价教学质量 ··· 78

第 5 章 基于 COMET 的汽车检测与维修技术专业教学诊改案例 ································ 79

5.1 基于职业能力培养的教学改革总框架 ·· 81
    5.1.1 人才培养方案改革 ··· 81
    5.1.2 教材改革 ··· 82
    5.1.3 教法改革 ··· 82
5.2 职业能力测评的实施及测评结果呈现分析 ·· 83
    5.2.1 职业能力测评的实施 ·· 83
    5.2.2 汽车检测与维修技术专业 2017 级毕业生测评结果分析 ·························· 84
    5.2.3 汽车检测与维修技术专业 2018 级毕业生测评结果分析 ·························· 87
    5.2.4 问卷调查 ··· 90
5.3 教学质量诊断与改进策略 ·· 102
    5.3.1 基于高职汽修专业共性问题的改进策略 ·· 102
    5.3.2 基于 2020 年能力测评和问卷调查结果的改进策略 ································ 103

第 6 章 COMET 能力测评在教学中的应用案例 ·· 105

6.1 COMET 能力测评在理论教学中的应用 ·· 107
    6.1.1 教学过程中实施能力测评的意义 ··· 107
    6.1.2 在课程教学中实施能力测评的思路 ·· 108
    6.1.3 面对一整门课程的教学实施案例 ··· 109
    6.1.4 面对综合性项目的教学实施案例 ··· 112
6.2 COMET 能力测评在实践教学中的应用 ·· 121
    6.2.1 关于职业能力 ··· 121
    6.2.2 职业能力测评 ··· 121
    6.2.3 实践教学实施案例 ··· 121
    6.2.4 应用效果分析 ··· 125

附件 1 测试题例 ·· 126

F1.1 测试任务例 1 ·· 126

    F1.1.1 测试题目

       测试任务：街道路灯杆修复设计与安装 …………………………… 126

    F1.1.2 测试任务描述 ……………………………………………………… 126

    F1.1.3 问题解决空间与参考资料 ………………………………………… 127

    F1.1.4 解题示例 …………………………………………………………… 129

  F1.2 测试任务例 2 ……………………………………………………………… 134

    F1.2.1 测试题目

       测试任务：智能控制晾衣架的设计与安装 ………………………… 134

    F1.2.2 测试任务描述 ……………………………………………………… 134

    F1.2.3 问题解决空间与参考资料 ………………………………………… 135

    F1.2.4 解题示例 …………………………………………………………… 137

  F1.3 测试任务例 3 ……………………………………………………………… 142

    F1.3.1 测试题目

       测试任务：电动卷闸门设计与安装 ………………………………… 142

    F1.3.2 测试任务描述 ……………………………………………………… 142

    F1.3.3 问题解决空间与参考资料 ………………………………………… 143

  F1.4 测试任务例 4 ……………………………………………………………… 146

    F1.4.1 测试题目

       测试任务：工业机器人装配与调试解决方案 ……………………… 146

    F1.4.2 测试任务描述 ……………………………………………………… 146

    F1.4.3 问题解决空间与参考资料 ………………………………………… 147

  F1.5 测试任务例 5 ……………………………………………………………… 149

    F1.5.1 测试题目

       测试任务：移动机器人装配与调试解决方案 ……………………… 149

    F1.5.2 测试任务描述 ……………………………………………………… 149

    F1.5.3 问题解决空间与参考资料 ………………………………………… 150

  F1.6 测试任务例 6 ……………………………………………………………… 152

    F1.6.1 测试题目

       测试任务：全自动车牌识别车道闸的设计与安装 ………………… 152

    F1.6.2 测试任务描述 ……………………………………………………… 152

  F1.7 测试任务例 7 ……………………………………………………………… 154

    F1.7.1 测试题目

       测试任务：金属垫片冲压工艺分析及模具设计与制作 …………… 154

    F1.7.2 测试任务描述 ……………………………………………………… 154

F1.8　测试任务例 8 ························· 156
　　　　F1.8.1　测试题目
　　　　　　测试任务：无人机装调与应用 ················· 156
　　　　F1.8.2　测试任务描述 ······················ 156
　　F1.9　测试任务例 9 ························· 157
　　　　F1.9.1　测试题目
　　　　　　测试任务：发动机水温过高故障诊断与排除 ············ 157
　　　　F1.9.2　测试任务描述 ······················ 157
　　F1.10　测试任务例 10 ························ 158
　　　　F1.10.1　测试题目
　　　　　　测试任务：汽车离合器打滑故障诊断与排除 ············ 158
　　　　F1.10.2　测试任务描述 ····················· 158
　　F1.11　测试任务例 11 ························ 159
　　　　F1.11.1　测试题目
　　　　　　测试任务：汽车空调冷气效果不好故障诊断与排除 ········· 159
　　　　F1.11.2　测试任务描述 ····················· 159
　　F1.12　测试任务 12 ························· 160
　　　　F1.12.1　测试题目
　　　　　　测试任务：农村家用除草机联轴器设计 ·············· 160
　　　　F1.12.2　测试任务描述 ····················· 160
　　F1.13　测试任务 13 ························· 161
　　　　F1.13.1　测试题目
　　　　　　测试任务：金砖国家峰会国旗升降系统设计与制作 ········· 161
　　　　F1.13.2　测试任务描述 ····················· 161

附件 2　调查问卷题例 ··························· 162

　　F2.1　问卷题例 1
　　　　适用专业：机电一体化技术专业 ··················· 162
　　　　F2.1.1　毕业生调查问卷（已毕业半年以上的学生用） ········· 162
　　　　F2.1.2　专业教学质量调查问卷（已毕业半年以上的学生用） ······ 163
　　　　F2.1.3　专业人才需求与毕业生质量调查表（用人单位专用） ······ 165
　　F2.2　问卷题例 2
　　　　适用专业：机械制造及自动化专业 ·················· 168
　　　　F2.2.1　毕业生调查问卷（已毕业半年以上的学生用） ········· 168

　　　　F2.2.2　专业教学质量调查问卷（已毕业半年以上的学生用）……………… 169
　　　　F2.2.3　专业人才需求与毕业生质量调查表（用人单位用）……………… 171
　F2.3　问卷题例3
　　　　适用专业：模具设计与制造专业………………………………………… 174
　　　　F2.3.1　毕业生调查问卷（已毕业半年以上的学生用）………………… 174
　　　　F2.3.2　专业教学质量调查问卷（已毕业半年以上的学生用）……………… 175
　　　　F2.3.3　专业人才需求与毕业生质量调查表（用人单位用）……………… 177
　F2.4　问卷题例4
　　　　适用专业：汽车检测与维修技术专业…………………………………… 180
　　　　F2.4.1　毕业生调查问卷（已毕业半年以上的学生用）………………… 180
　　　　F2.4.2　专业教学质量调查问卷（已毕业半年以上的学生用）……………… 182
　　　　F2.4.3　专业人才需求与毕业生质量调查表（用人单位用）……………… 183

参考文献 ………………………………………………………………………… 186

第 1 章

概　　述

1.1 专业教学诊断与改进提出的背景

2015年6月,教育部办公厅印发的《关于建立职业院校教学工作诊断与改进制度的通知》(教职成厅〔2015〕2号)(以下简称〔2015〕2号文)提出,职业院校要根据自身的办学理念、办学定位、人才培养目标,聚焦专业设置与条件、教师队伍与建设、课程体系与改革、课堂教学与实践、学校管理与制度、校企合作与创新、质量监控与成效等人才培养工作要素,查找不足与完善提高的工作过程,旨在建立职业院校教学工作诊断与改进常态化工作机制,保证人才培养质量持续提高。

高职教育正处于"以问题为中心的时期,院校数量剧增、招生规模扩大、在校生和毕业生人数增多、生源和办学质量参差不齐、发展特色不明显、竞争力和吸引力不强等问题均困扰高职院校的持续发展"。特别是教育质量问题,在很大程度上影响制约高职院校健康持续发展。只有以质量求生存,以就业促招生,才能使学校在竞争中取胜。因此,在保证职业教育教学质量的宏观设计中,作为办学方的职业院校,承担着保证教学质量的主体责任,需要通过不断地"自我诊断与改进"教学工作,逐步建立并健全学校内部质量保证体系。

〔2015〕2号文下达后,各高职院校都在积极推进"职业院校管理水平提升行动计划(2015—2018年)"建设工作,并把建设国家优质院校作为学校"十三五"发展目标,这就需要高职院校通过教学诊断与改进来推进内涵建设,提高教学质量。

2015年,项目组成员参与了北京师范大学赵志群教授主持的国家级重点研究项目《中国现代职业教育质量保障体系研究》——职业院校学生和教师职业能力测评研究子课题的研究工作,在全国率先组织了学生职业能力测评工作,取得了经验。2017年12月和2019年12月,《基于教学诊断与改进构建教学质量管理体系的研究与实践——以广西水利电力职业技术学院机电类专业为例》《基于综合职业能力培养的专业教学质量诊改的研究与实践——以广西水利电力职业技术学院汽车类专业群为例》两课题,先后获得广西职业教育教学改革研究项目立项,项目小组随后制订了研究工作计划和具体任务安排,并于2018年1月和2020年2月先后开始系列研究与实践工作。

2020年5月,COMET职业能力测评国际联盟中方秘书处北京企学研教育科技研究院发出了《关于组织开展工业教育领域〈基于COMET能力模型的教学改革研究与实践〉课题项目的通知》(企学研字〔2020〕3号),在以赵志群教授为首席专家、以梁建和教授为专家组长的专家团队带领下,首批有20个项目当年就积极开展了研究,本专著是该研究课题的阶段性成果。

1.2 专著的主要内容结构

本专著的结构组成如图 1-1 所示,主要由基于 COMET 职业能力测评的专业教学诊改机制、诊改与教学应用案例和支撑附件组成。

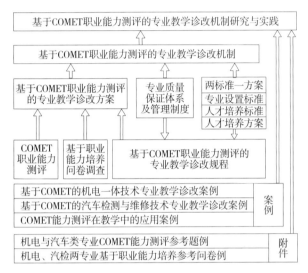

图 1-1 本专著的结构组成

1.2.1 基于 COMET 能力测评的专业教学诊改机制

这是本专著的核心内容,主要由基于 COMET 能力测评的专业教学诊改方案、专业质量保证体系及管理制度、两标准一方案三个模块有机组合而成。

基于 COMET 能力测评的专业教学诊改方案由三部分组成。①COMET 职业能力测评,简单介绍了命题、评分、质量控制和测评的组织实施过程,详细的介绍则用另一个模块按 COMET 能力模型简介、COMET 职业能力模型的理论基础、职业能力测评的测试工具、能力水平的确定、观测点在机械领域的内涵理解 5 个部分进行。②基于职业能力培养的问卷调查,介绍了面向毕业班学生的问卷、面向已毕业学生的问卷和面向用人单位的问卷。③基于 COMET 职业能力测评的教学诊改规程,介绍了专业教学诊改的具体步骤。

1.2.2 诊改与教学应用案例

在具体的诊断和三教改革过程中,往往会遇到很多细节的问题,而这些问题又很难详细地全部给出分析和解决办法,为此,本专著详细给出了两个专业的教学诊改案例和一个

COMET能力测评在教学中的应用案例，供同行参考。

（1）基于COMET的专业教学诊改案例。详细给出了基于COMET的机电一体化技术、汽车检测与维修技术两个专业的教学诊改案例。

（2）COMET能力测评在教学中的应用案例。包括在理论教学中面对一整门课程的教学实施案例，面对综合性项目的教学实施案例及在实践教学中的应用案例。

1.2.3 支撑附件

（1）附件一：测试题例。这里给出了机械领域通用题2道和专业题11道，共13道题。

（2）附件二：调查问卷题例。包括面向已毕业半年以上的学生的毕业生调查问卷、专业教学质量调查问卷和面向用人单位的专业人才需求与毕业生质量调查问卷/表，这里给出了机电一体化技术、汽车检测与维修技术两个专业的问卷共2套案例，供同行参考。

1.3 本专著主要解决的问题及解决方法

长期以来，职业教育的质量评价主要用就业率、专业对口率/专业相关度等定性指标来衡量，缺乏定量依据，更不能对教学改进提供具体指导。

我国职业教育从普通高等教育脱胎而来，在招生计划、培养方案、毕业证书中，一直借用了普通高等教育"专业"的概念，混淆了专业和职业的概念，当然也就轻视了职业能力的培养。职业，是社会劳动分工的分类界定，强调岗位的分合；专业，是学科领域的分类界定，强调知识的专门化。可见，专业和职业是有根本区别的。

目前，职业教育"以职业能力为基础"已经是国内外职业教育界的共识。然而对"职业能力"的概念却有多种理解：a. 定义是"个体完成工作任务所达到的水平状态"，即完成任务的客观绩效要求；b. 定义为"在真实的工作情境中整体化地解决综合性专业问题的能力"等。对职业能力的不同认识导致不同的人才培养目标、课程模式和教学评价标准。造成这一状况的主要原因是"能力"是一个外来概念，在不同文化背景中有不同含义。

另外，是看重通过考核可以确定的、针对具体任务的技能和绩效，还是强调人在职业情境中的认知能力和工作过程，也会产生不同的课程和教学理论。而且，还有多种概念相互混淆："职业能力"等同于"技能"，"工作流程"等同于"工作过程"，把"核心能力"和"专业能力"对立起来等。所有这些对职业能力的模糊认识，都不同程度地给我国的职业教育带来麻烦。

COMET量化地通过8个能力模块和40个观测点的内涵解释，全面精细地诠释了综合职业能力。

本专著创新地基于COMET综合职业能力测评方案，很好地解决了这个问题。其一，对每一个被测者通过40个观测点在职业能力的8个方面给出了具体分数，准确评价我们的教育教学质量在哪方面强、哪方面弱；其二，将综合职业能力测评结果结合问卷调查结果通过数表、柱状图、饼图、轮廓图等形式给出分析报告，能对人才培养方案、课程体系建设、教学团队建设等诸多方面的改革提供具体指导。

如何能具体指导人才培养方案和教育教学的改革呢？我们的做法是在综合职业能力测评结果和问卷调查结果出来后，结合问卷调查结果按COMET能力模型的三个维度去制定指导方案：

（1）按要求维度指导人才培养方案改革。根据不同能力水平应具备的知识结构和技能水平来完善人才培养方案。

（2）按内容维度指导课程标准和教材改革。遵循职业能力发展规律所确定的定向任务、程序任务、问题任务、未知任务来确定和组织课程内容。

（3）按行动维度指导教法改革。按照完整的工作过程即获取信息、计划、决策、实施、控制、评价六步法来实施教学。

第 2 章

职业能力测评工具——COMET

2.1 COMET 能力模型简介

借鉴国际职业教育培训普遍做法,引进消化源于德国的 COMET 测评方法,成为学校的教学质量诊改的重要工具。引进源于德国的 COMET 测评方法,结合我国的实情设计与实际相结合的评分指标体系和能力测评题,以笔试形式评价被测试者的职业能力,即"完成和处理一组任务时所需要的主观能力的潜力",形成高效率、高信度、低成本且符合国情的职业能力测评方案。COMET,德文缩写,中文的意思是"职业能力与职业认同感测评"。COMET 项目起源于德国,采用大规模标准化心理诊断技术,以笔试形式进行。

以德国不来梅大学 Felix Rauner 教授为首的,由中国、南非、瑞士、挪威等多国科研人员组成的研究团队,开发建立了 COMET 职业能力模型(见图 2-1),在我国北京、四川和广东等地进行了测评技术的验证,并在金砖国家和国内竞赛中多次应用。

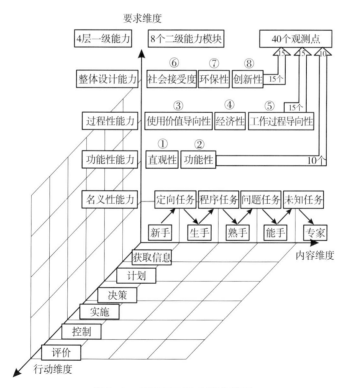

图 2-1 COMET 职业能力模型

COMET 职业能力模型由三个维度构成,分别是职业的"内容维度""要求维度"和"行动维度"。

(1) **内容维度**：包括"职业定向性的任务""程序化的任务""蕴含问题的特殊任务"和"不可预见的未知任务"四个职业工作范围，对应四个学习范围，即"定向和概括性知识""关联性知识""具体与功能性知识"和"学科系统化的深入知识"。

(2) **要求维度**：包括4个能力级别，即名义性能力、功能性能力、过程性能力和整体设计能力。

(3) **行动维度**：包括获取信息、制订计划、做出决策、实施计划、控制、评价六个阶段。

2.2　COMET 职业能力模型的理论基础

（1）**COMET 职业能力模型建立在一系列现代职业教育的理论基础之上**：如情境学习和行动导向的学习理论、多元智能和发展性任务的心理学理论、设计导向的职业教育指导思想、从"初学者到专家"（from novice to expert）职业成长逻辑规律的专家智能理论以及工作过程知识的工业社会学理论等。

（2）**设计导向（Gestaltungsorientierung）思想**：20 世纪 80 年代由劳耐尔（F. Rauner）提出并在德国发展起来的人文主义职业教育思想，其核心理念是：人不仅要有适应能力，更重要的是有能力本着对社会、经济和环境负责的态度，参与设计未来工作世界的发展。

（3）**行动导向教学（Handlungsorientierung）**：指师生共同确定行动产品来引导的教学组织过程，学生通过主动和全面的学习，达到脑力劳动和体力劳动相统一的学习形式。这里的行动不仅仅是日常生活中的行动、活动或劳动，而且还是为了达到学习目标而进行的有意识的行为。

（4）**职业能力发展的逻辑规律（Development logic）**：心理学家德莱福斯兄弟（H. L. Dreyfus 和 S. E. Dreyfus）在人工智能研究中提出，专业人员在"从初学者到专家"的职业能力发展过程中分为初学者、提高者、有能力者、熟练者和专家 5 个阶段，每一个阶段的知识都有特殊的形态，从一个阶段到另一个阶段需要完成特定的发展性任务（Developmental task）。

（5）**工作过程知识**：由社会学者克鲁瑟（W. Kruse）提出，由劳耐尔（F. Rauner）和费舍尔（M. Fisher）等发展起来的职业教育理论，工作过程知识指有丰富经验的技术工人所特有的、与生产劳动过程相关的知识。它不仅是在工作过程中直接需要的（区别于学科系统化的知识），而且是需要在工作过程中自我获得的，特别需要通过经验性学习后，在工作经验与理论反思间的特定关系中产生。

2.3 职业能力测评的测试工具

COMET 职业能力测评按照专业类别,以笔试形式进行,目的是评价被试的职业(认知)能力,即"完成和处理一组任务时所需要的主观能力的潜力"。测试中,每位被测试者共需要完成 3 项任务:测试任务卷、背景情况调查问卷和测试动机问卷。监考老师需完成教师关于学生测试动机的问卷,即考场情况问卷。

测试任务卷是 COMET 测评的主要测试工具,测试任务为一道开放性的测试题目。测试题目因职业的不同而异,具体案例见附件 1。它的基础是职业的典型工作任务,通过一个职业及其职业描述而定,且符合职业教育培养目标的要求。测试题目具有足够的复杂性和综合性,能体现典型工作任务的职业工作和学习内容。能力测评考查的是"冰冻三尺非一日之寒"的能力,受测试者无须做过多准备,但老师应该告知受测试者需经周全考虑且要遵循工作过程规律去做问题的解决方案。每个专业的测试任务卷分为 A 卷、B 卷、C 卷和 D 卷,由监考教师随机选择发放给受测试者,受测者需要提出完成任务的解决方案,并用易于理解的方式解释采取该方案的理由。在解决方案中,可以利用草图、文字描述、表格和清单等技术语言说明,并向客户详细阐述其理由。测试任务是开放性的,允许学生给出不同的答案。

参加测评的受测试者需填写一份背景情况调查问卷,用于搜集和确定职业能力发展的背景条件,包括受测试者的背景特征、职业学校和实习实训企业状况(见表 2-1)。背景问卷还包括用于测量职业认同感的题项,对职业认同感的发展以及在此基础上建立的职业承诺进行评价。

表 2-1 背景情况问卷的主要内容

个人背景状况	企业实习实训的特点	职业学校的特点
社会经济背景	企业的一般特征	学校的基本数据
在校成绩水平和就业前学历	企业实习的工作过程导向	教学情境特征
接受职业教育动机	企业内的实习情况	工作过程导向

测试动机问卷用于了解被测试者的测试动机,涉及完成测评任务的时间、对测试任务的兴趣和认识,以及付出努力的程度。

测试监考教师也要填写一份考场情况问卷,用于了解该班级受测试者的测试动机和测试氛围。

2.4　COMET 要求维度与职业能力测评

为了解释和评价被测试者提供的任务解决方案，COMET 建立了针对 4 个一级能力级别，由 8 个二级能力指标组成的指标体系。一级能力级别的功能性能力分成"直观性"和"功能性" 2 个二级能力指标（或称能力模块），一级能力级别的过程性能力分成"使用价值导向性""经济性"和"工作过程导向性" 3 个二级能力指标，一级能力级别的整体设计能力分成"社会接受度""环保性"和"创新性" 3 个二级能力指标，如图 2-2 所示。

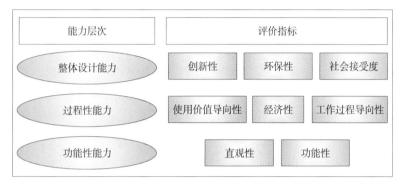

图 2-2　COMET 职业能力的水平级别与评价指标

8 个二级能力指标组成的指标体系中，每一个二级能力指标又通过 5 个观测点进一步细分，共有 40 个观测点。

由于只具备名义性能力的人工作起来往往出现各种状况，还不能独立工作，必须在师傅的监视下工作，因此，名义性能力不再分二级能力，其学习的知识范围是职业入门教育，核心是学习本职业（专业）的基本工作内容，了解职业轮廓，完成从职业选择向职业工作世界的过渡并初步建立职业认同感。该层次的学习任务是日常或周期性的工作、设备装配制造和简单修理技术等，目的是了解本职业的基本概念、标准化要求和典型工作过程。

2.4.1　COMET 的直观性能力指标

要求通过语言或文字描述，利用图纸、草图等工具，形象直观、条理清楚、结构合理地展示任务解决方案，使委托方知晓任务完成后的结果。其 5 个观测点为：

（1）对委托方来说，解决方案的表述是否容易理解？

（2）对专业人员来说，是否恰当地描述了解决方案？

（3）是否直观形象地说明了任务的解决方案？（如使用图、表）

（4）解决方案的层次结构是否分明？描述解决方案的条理是否清晰？

(5) 解决方案是否与专业规范或技术标准相符合？（从理论、实践、制图、数学和语言方面观测）

2.4.2 COMET 的功能性能力指标

要求提出的解决方案能满足任务要求，实现应有的功能。需要具备工具性的专业能力、与具体情境无关的学科知识以及专业技能。其 5 个观测点为（按 40 个观测点进行总排序，下同）：

(6) 解决方案是否满足功能性要求？
(7) 是否达到"技术先进水平"？
(8) 解决方案是否可以实施？
(9) 是否（从职业活动的角度）说明了理由？
(10) 表述的解决方案是否正确？

2.4.3 COMET 的使用价值导向性能力指标

要求完成工作任务的行动过程始终以顾客为导向，除了满足用户的直接使用要求和减少使用中的故障外，还要考虑后期保养和维修的便利性，以及解决方案的持久性和扩展性。其 5 个观测点为：

(11) 解决方案是否提供方便的保养和维修？
(12) 解决方案是否考虑到功能扩展的可能性？
(13) 解决方案中是否考虑到如何避免干扰并且说明了理由？
(14) 对于使用者来说，解决方案是否方便、易于使用？
(15) 对于委托方（客户）来说，解决方案（如：设备）是否具有使用价值？

2.4.4 COMET 的经济性能力指标

要求能够将解决方案放到整个工作环境中去考察它的经济性，权衡支出与收益之间的关系，并考虑未来可能产生的后续成本；此外，需要关注国民经济发展宏观态势，具有经济责任感。其 5 个观测点为：

(16) 解决方案实施的成本是否较低？
(17) 时间与人员配置是否满足实施方案的要求？
(18) 是否考虑到投入与收益之间的关系并说明理由？
(19) 是否考虑到后续成本并说明理由？
(20) 是否考虑到实施方案过程（工作过程）的效率？

2.4.5　COMET 的工作过程导向性能力指标

要求提出的解决方案能考虑与上下游过程之间的衔接，还考虑跨越每个人的工作领域的部门之间的合作。其 5 个观测点为：

（21）解决方案是否适应企业的生产流程和组织架构（包括自己所在企业和企业的客户）？

（22）解决方案是否以工作过程知识为基础？（而不仅是书本知识）

（23）是否考虑到上游和下游的生产流程并说明理由？

（24）解决方案是否反映出与职业典型的工作过程相关的能力？

（25）解决方案中是否考虑到超出本职业工作范围的内容？

2.4.6　COMET 的社会接受度能力指标

要求进行人性化的工作设计，考虑那些超越工作本身的社会因素，如考虑劳动安全、事故防范以及解决方案对社会环境造成的影响等。其 5 个观测点为：

（26）解决方案在多大程度上考虑到人性化的工作设计和组织设计方面的可能性？

（27）是否考虑到健康保护方面的内容并说明理由？

（28）是否考虑到人体工程学方面的要求并说明理由？

（29）是否注意到工作安全和事故防范方面的规定与准则？

（30）解决方案在多大程度上考虑到对社会造成的影响？

2.4.7　COMET 的环保性能力指标

要求在解决方案中遵守环保对生产过程和生产结果的特定要求，考虑解决方案在多大程度上使用了对环境无害的材料，以及完成工作的计划多大程度上符合环保要求；此外，在解决方案中应考虑节约能源和废物回收与再利用。其 5 个观测点为：

（31）是否考虑到环境保护方面的相关规定并说明理由？

（32）解决方案中是否考虑到所用材料是否符合环境可持续发展的要求？

（33）解决方案在多大程度上考虑到环境友好的工作设计？

（34）是否考虑到废物的回收和再利用并说明理由？

（35）是否考虑到节能和能量效率的控制？

2.4.8　COMET 的创新性能力指标

要求对问题情境有足够的敏感性，在完成任务目标的前提下表现独特的设计空间。其 5 个观测点为：

（36）解决方案是否包含特别的和有意思的想法？
（37）是否形成一个既有新意同时又有意义的解决方案？
（38）解决方案是否具有创新性？
（39）解决方案是否显示出对问题的敏感性？
（40）解决方案中，是否充分利用了任务所提供的设计（创新）空间？

2.4.9　评分规则

评分者按照观测评分点给被测试者的测评解决方案打分。每个观测评分点设有"完全不符合""基本不符合""基本符合"和"完全符合"四个档次，对应的得分为 0、1、2、3 分。

（1）一般来说，如果解决方案里没有提及该评分点的相关内容，则判定为"完全不符合"，计 0 分；
（2）简单提及但没有说明的判定为"基本不符合"，计 1 分；
（3）提及并说明怎么做的判定为"基本符合"，计 2 分；
（4）明确提及且解释理由的则评定为"完全符合"，计 3 分。

2.5 能力水平的确定

2.5.1 关于子能力、能力维度和能力水平

一直以来,我们接受的培训或者说是我们的关注点都集中在"COMET 能力模型"的"能力水平"上。实际上这有三个概念:子能力、能力维度和能力水平。

2.5.1.1 子能力

在 COMET 能力模型中的 8 个二级能力模块代表 8 个子能力,这 8 个子能力的集合就构成"职业能力的整体"。当人们想突出能力特征的整体性时,通常将子能力称作职业能力指标。于是,在 COMET 能力模型中的 8 个子能力,也称 8 个能力指标。

2.5.1.2 能力维度

能力轮廓图(也称雷达图)呈现了 8 个子能力的特征,同时也呈现了 3 个能力维度的特征。

(1) 功能性能力。由 2 个子能力组成:K1—直观性/展示性、K2—功能性。

(2) 过程性能力。由 3 个子能力组成:K3—使用价值导向性、K4—经济性、K5—工作过程导向性。

(3) 整体设计能力。由 3 个子能力组成:K6—社会接受度、K7—环保性、K8—创新性。

2.5.1.3 能力水平

在 COMET 能力模型中,把能力水平分成 4 个层次:名义性能力、功能性能力、过程性能力、整体设计能力。应该注意到,后面 3 个"能力水平"与前述的 3 个"能力维度"恰好有相同的名称(或说有相同的表述),但是,"能力水平"和"能力维度"的 3 个同名名称"功能性能力、过程性能力、整体设计能力"却有着截然不同的内涵。

"能力水平"和"能力维度"的三个同名名称的主要区别:

(1) "能力维度"。其 3 个维度是相对独立的,并无级别或层次关系。

(2) "能力水平"。是 3 个依次提高的能力特征级别,整体设计能力包含了功能性能力和过程性能力,过程性能力包含了功能性能力。或者可以理解为功能性能力是过程性能力的基础,过程性能力是整体设计能力的基础。换言之,达到整体设计能力者必然具备功能性能力和过程性能力,达到过程性能力者必然具备功能性能力。

2.5.2 能力指标和能力维度的分数值

（1）能力指标的分数值。8个能力指标的每一个指标又细分有5个评分点，共有40个评分点。每个评分点按0分、1分、2分、3分四级赋分，每次评分至少有两人评分并取评分者结果的算术平均值为该点得分；每个能力指标的"评分结果"是5个评分点得分的算术平均值，并采用四舍五入法则且只保留小数点后一位。为去掉小数点，又把"评分结果"乘以10当作每个能力指标的"分数值"。由此，每个能力指标的分数值满分为30分。

（2）能力维度的分数值。各个能力维度的分数值是组成该能力维度的各项能力指标分数值的算术平均值。显然，能力维度分数值的满分也是30分。

2.5.3 确定一个人的职业能力水平

2.5.3.1 各层能力特征分数值

各层能力特征的分数值是组成该层能力特征的各项能力指标分数值的算术平均值，每层能力特征分数值的满分也是30分。每项能力特征分为完全不符合、基本不符合、基本符合、完全符合共四个分值区，每个分值区占分为30÷4=7.5分。于是，如果一个人在某层能力特征的分数值不少于22.5分，则其在该层的能力就进入"完全符合"区。另外，通常规定达到"完全符合"的50%就视为在该层能力的考核"通过"。因此，一个人要通过某层能力考核，其在该层能力特征的分数值应不少于22.5×0.5=11.3分（四舍五入且只保留小数点后一位）。

2.5.3.2 各层能力水平的确定

1）能力级别0：名义性能力

被测试者没有达到功能性能力的视为不具备职业能力，其职业能力级别为0。

2）能力级别1：功能性能力

（1）直接认定。被测试者获得的功能性能力分数值不少于11.3分，且未达到能力级别2的，直接认定为能力级别1。

（2）补偿认定。被测试者获得的功能性能力分数值低于11.3分、大于8.3分时，可以通过另外两个维度的得分来补偿。规则对（KP+KG）有最低分值要求：①功能性能力得分KF=8.3~9.2时，（KP+KG）不低于9；②KF=9.3~10.2时，（KP+KG）不低于6；③KF=10.3~11.2时，（KP+KG）不低于3。

3) 能力级别 2：过程性能力

（1）直接认定。被测试者获得的过程性能力分数值不少于 11.3 分，且未达到能力级别 3 的，直接认定为能力级别 2。

（2）补偿认定。被测试者获得的过程性能力分数值低于 11.3 分、大于 8.3 分时，可以通过 KG 的得分来补偿。规则对 KG 有最低分值要求：①过程性能力得分 KP = 8.3~9.2 时，KG 不低于 9；②KP = 9.3~10.2 时，KG 不低于 6；③KP = 10.3~11.2 时，KG 不低于 3。

4) 能力级别 3：整体设计能力

被测试者获得的 KF、KP、KG 分数值都不少于 11.3 分，就认定为能力级别 3。

2.6 观测点在机械领域的内涵理解

在 COMET 建立的能力指标体系中，共有 40 个观测点（或称评分点），每个观测点用一段简练的语句描述其内涵。而在我们近几年的实际应用中，发现有不少专家对其中描述提出修改建议，并且有的观测点出现不同专业领域的专家有不同的修改建议。出现这种情况实属正常，因为原来的描述是要满足不同专业领域的，但同一个观测点的内涵在不同的专业领域可能存在不同的更为贴切的描述。为此，在这里我们根据近几年的实践，对 40 个观测点在机械领域的内涵给出自己的进一步理解，供同行们参考。

（以下按 40 个观测点进行总排序，并按"**原描述**：××××××？**进一步理解**：××××××。"的格式给出）

2.6.1 直观性模块

（1）对委托方来说，解决方案的表述是否容易理解？要提供具体的解决方案。解决方案中应该用通俗易懂的语言表述（除术语外），以便非专业人员能理解方案内容。对于专业术语，有备注说明。

（2）对专业人员来说，是否恰当地描述了解决方案？解决方案应该符合企业的生产工作流程。如工作的前后顺序、操作流程等是否符合该工作的实际流程要求等。

（3）是否直观形象地说明了任务的解决方案（如：用图表/用图画）？应该尽量用图、表等直观元素来说明解决方案。如通过流程图表示工作的前后顺序，通过示意图表示工作原理，用表格的形式表达相应工作的时间、地点、人员安排及原材料列表、成本清单等。

（4）解决方案的层次结构是否分明？描述解决方案的条理是否清晰？解决问题的方案描述应该有主次层次、逻辑顺序明确、工作步骤容易理解、便于操作。

（5）解决方案是否与专业规范或技术标准相符合（从理论、实践、制图、数学和语言）？在专业理论、专业实践、工程制图、数学和语言方面，应该符合机械行业规范要求。比如图形是否符合机械制图规范和机械行业技术规范等。

2.6.2 功能性模块

（6）解决方案是否满足功能性要求？解决方案应该保证得到任务最基本的功能要求，而且用所提出的解决措施能够实现这个功能。

（7）是否达到"技术先进水平"？为了达到功能性要求，解决方案中应该使用当前行业的主流或前沿技术成果，如互联网+技术、大数据技术、3D 打印技术、智能制造、4G/5G 技术、工业视觉技术、数字控制技术等。

（8）**解决方案是否可以实施？** 所提出的解决方案，应该在当前技术、经费、社会环境、人员、工艺装备、生产设备等条件下能够实施。

（9）**是否（从职业活动的角度）说明了理由？** 应该从本专业职业活动的角度显性地说明达到该功能所做的工作及原因。

（10）**表述的解决方案是否正确？** 为了达到任务所描述的功能要求，解决方案的结果应该达到客户期望；工作流程安排、技术规范等应该符合行业技术要求。

2.6.3 使用价值导向性模块

（11）**解决方案是否提供方便的保养和维修？** 解决方案中，应该充分考虑后续的保养和维修便利性。比如，工具的可达性良好、装调方便并从技术层面给出维保说明书等。

（12）**解决方案是否考虑到功能扩展的可能性？** 解决方案应该考虑到为后续的使用、维保、产品改造、技术升级预留相应的空间。比如设备控制模块预留端口、配件安装预留平台，方便后续进行技术升级或增加其他的设备以便增加使用功能等。

（13）**解决方案中是否考虑到如何避免干扰并且说明了理由？** 方案应该已经考虑到任务施工、生产过程或交付使用后，可能遇到的干扰问题，并采取了避免这些干扰的措施且说明理由。这里的干扰，主要指的是外界对本项目的干扰，比如：非施工人员/车辆经过、刮风/下雨/打雷、腐蚀性物资/温度/噪声等对施工或使用的影响。

（14）**对于使用者来说，解决方案是否方便、易于使用？** 从使用者角度考虑，交付使用的施工方案/生产方案应该方便操作、易于使用。

（15）**对于委托方（客户）来说，解决方案（如：设备）是否具有使用价值？** 所交付的解决方案应该具有（满足）使用价值，重点是能达到客户预期的功能要求。

2.6.4 经济性模块

（16）**实施解决方案的成本是否较低？** 是否较低，意思是至少有两个解决方案，对所提出的方案作性价比分析或成本分析，最后从多方面考量并与客户协商决定采用的方案是否成本较低。注意是较低而不是最低，因为要从多方面考量而不仅仅从经济上考量，而且是"顾客至上"，即执行方案最后是由客户选定的。

（17）**时间与人员配置是否满足实施方案的要求？** 要提供具体的实施方案，明确时间和人员的安排，并从经济/工期/工序/工作量/质量等综合考量去满足任务要求。

（18）**是否考虑到企业投入与收益之间的关系并说明理由？** 应该说明投入的成本和产出

的效益。效益可以是经济效益，也可以是社会效益，注意到这里是经济性模块，重点是经济效益。特别是要说明投入（含人员、设计、成本、设备折旧等费用）和收益的关系。

（19）是否考虑到后续成本并说明理由？ 交付给客户使用后，后续的维修保养费用、保修期限、响应时间、配件价格等要有预算和相关说明。

（20）是否考虑到实施方案的过程（工作过程）的效率？ 在制订的实施方案中，应该考虑到人员工作环境和生产条件限制或设备运行的速度、时间等效率问题。

2.6.5 工作过程导向性模块

（21）解决方案是否适应企业的生产流程和组织架构（包括自己企业和客户）？ 应该从本单位和客户实际情况来确定生产流程（工作过程/施工流程）和组织机构（具体的管理人员、工作人员安排等）。从语言上应该有"根据本公司……""根据客户……"等。

（22）解决方案是否以工作过程知识为基础（而不仅是书本知识）？ 解决方案应该以职业岗位能力要求和贴合实际的生产流程来表述任务的实施过程，并符合循序渐进的工作原则。比如：指明了任务的传递方向和顺序、任务的交接标准及具体过程、各人员/环节/部门之间的内在协调与控制机制等。

（23）是否考虑到上游和下游的生产流程并说明理由？ 应该考虑到上道工序/环节与下道工序/环节的相互影响/干扰及对任务完成的影响、上下游的衔接等，并提出了规避措施。

（24）解决方案是否反映出与职业典型的工作过程相关的能力？ 在解决方案中，应该有能体现完成该任务过程中所要求的基础职业胜任能力。比如，方案中如果涉及3D打印技术，相关人员应该具备3D打印的编程、故障排除等基本能力；方案中如果涉及汽车空调维修，相关人员就应该具备汽车空调结构和制冷工作原理的基本知识以及故障分析排除能力。

（25）解决方案中是否考虑到超出本职业工作范围的内容？ 主要是指考虑了超出本部门职责/能力范围的工作，如何解决跨部门的工作任务等。比如，本部门负责机电类的任务，则汽车维保、智能制造、电工电控、土木建筑等内容超出了本部门的职责/能力，应该明确指出/协调相关部门协助完成任务。

2.6.6 社会接受度模块

（26）解决方案在多大程度上考虑到人性化的工作设计和组织设计方面的可能性？ 方案成果使用户感觉安全、舒适、有效、快乐。从结构设计上以工作自由度和效果反馈为原则，整合任务、拓展工作领域，达到激励人员自我价值实现的目的，达到任务完整性、技能多样化、丰富工作内容的目的；组织设计方面从权责利与能力匹配、强化激励、人际关系构建、发展路径设计、个人价值实现等多方面做出努力。

（27）是否考虑到健康保护方面的内容并说明理由？方案中应该考虑实施人员、用户的健康防护和设备安全运行，并作相应的理由说明。

（28）是否考虑到人体工程学方面的要求并说明理由？主要是指交付给客户的产品或服务的效果应该考虑到用户在使用中能满足人的身心活动要求，以取得最佳的使用效能。例如，解决方案给出的作业/生活环境，含活动空间、时间维度和心理空间，应该符合人的动作域、视野、视觉、听觉、触觉、力觉等。

（29）是否注意到工作安全和事故防范方面的规定与准则？包含任务实施过程和交付使用后两个方面的安全、事故防范规定和准则、举措等。

（30）解决方案在多大程度上考虑到对社会造成的影响？包含任务实施过程和交付使用后两个方面对环境保护、交通安全、公众健康、社会秩序等的影响。

2.6.7 环保性模块

（31）是否考虑到环境保护方面的相关规定并说明理由？开工前应该按相关规定编制详细的环境保护计划和防止因施工造成环境污染和破坏的措施，如道路施工、机械加工的粉尘、噪声、油污等。

（32）解决方案中是否考虑到所用材料是否符合环境可持续发展的要求？所使用的材料应该考虑到现有库存、循环利用、绿色环保、先进性等方面的要求。

（33）解决方案在多大程度上考虑到环境友好的工作设计？主要是人与自然和谐相处的工作设计。任务实施及成果等各方面要考虑维护良好的环境、改善环境，与环境和谐相处，融为一体，共同发展。

（34）是否考虑到废物的回收和再利用并说明理由？方案中要有相关废物利用及其回收的措施和说明。尤其是涉及修复/改造类的任务，一些物品、零部件等应优先考虑再利用或按相关环保规定（废气、废油、粉尘、热气等）作相应处理。

（35）是否考虑到节能和能量效率的控制？在任务实施过程和项目交付后，要考虑到节能环保和能量利用率问题，如热能循环利用、太阳能发电等。应该注意到，节能就是减少了生产能量所需要的排碳量，就是对环保做出贡献。

2.6.8 创新性模块

（36）解决方案是否包含特别的和有意思的想法？解决方案要有一些新颖的与众不同的想法，比如创意外形、互联网+、人工智能、虚拟仿真等技术的应用。

（37）是否形成一个既有新意同时又有意义的解决方案？解决方案不仅要考虑创新性，还要注意到对社会、环境、科技等方面有所贡献。比如，最终成果与环境融为一体，符合社会稳定、和谐发展的理念以及新技术的应用与推广等。

（38）解决方案是否具有创新性？ 任务完成过程及其成果应考虑合理突破常规，要有新的思路、理念、方法或手段方面的创意。例如，利用无线网络、声控、温控等与众不同的方案、设计思路使最终成果让人耳目一新。

（39）解决方案是否显示出对问题的敏感性？ 任务完成过程及成果要对任务书/客户提出的问题、预置条件、需求等有所分析回应并给出相应的解决办法。

（40）解决方案中，是否充分利用了任务所提供的设计（创新）空间？ 任务完成过程及成果应利用任务书/客户所提供的设计（创新）空间、已知条件、隐含要素等，尽可能在思路、理念、方法、手段、工艺等诸多方面进行创新设计。

第 3 章

基于 COMET 能力测评的专业教学诊改机制

3.1 基于 COMET 能力测评的专业教学诊改方案

3.1.1 COMET 职业能力测评

3.1.1.1 命题

1) 命题专家组

由 3~7 名专家组成，其中应包括有具备丰富企业实践经验的专业教师、来自企业第一线相关专业的专家及测评技术专家等三方面的专家。

2) 命题模式

命题模式有三种。一是测评专家和专业教师到企业与工程师一起封闭命题；二是命题专家组集中一起在学校或某会议室封闭命题；三是测评专家和专业教师集中在会议室进行初步命题，然后送给企业工程师审阅并提出修改意见，最后由测评专家和专业教师二次集中根据工程师意见进行修改定稿。

前两种模式比较好，特别是第一种模式，其优点是在命题过程中遇到专项参与命题的工程师不清楚的内容，可以方便查资料或请教其他工程师。但这两种模式要求三方面的人员都在同一个时间段集中在一起 2~3 天，执行起来比较难。

第三种模式虽然用时长，但因为经过严格培训的学校教师可以成为测评专家，这样一来测评专家和专业老师可以是同一个工作单位的，实行起来比较容易。

应该注意的是，无论执行哪一种命题模式，命题专家组成员都必须经过不少于 2 小时的培训。

3) 命题基本原则

用一个常见的简单的工程项目，以具备项目经理素质的技术人员的综合职业能力要求命题（被测者应以项目经理的身份用技术人员的角度去完成任务）。

4) 命题过程

命题的数量至少要有 3 道。命题的总过程是首先按下面的命题程序进行第一道题的拟定，取得经验后再进行其他题目的拟定。命题的一般程序如下：

(1) 对命题专家组培训，不少于 2 小时；

(2) 不少于 4 小时研讨并确定典型工作任务；

(3) 约用 2 小时完成题目的初稿一，用八个二级能力模块去考核题目的完整性并作必要调整，得到初稿二；

(4) 2 名专家对初稿二作参考答案，测评专家用 40 个评分点进行初步评分；

（5）用40个评分点分析参考答案，对题目进行必要修正；

（6）拟订问题解决空间和参考资料，确定命题。

3.1.1.2 评分及质量控制

（1）评分与得分。每一类型的每份答卷同时由2名评分专家评分，该答卷的最终得分为评分专家评分结果的平均分；

（2）评分质量控制。基于统计学控制两位专家的评分质量，要求两位专家评分的结果其信度（Finn系数）不小于0.7（信度达良好以上）；否则，必须经这2名评分专家协商直至满足信度要求为止。重点是回头检查各评分点，使评分专家在各个评分点的赋分差别不超过1个等级。

3.1.1.3 组织测评

1）学生职业能力测评组织注意事项

（1）测评形式：纸笔测试，开卷。

（2）测评对象：机械制造大类专业毕业生（临近毕业或毕业后半年内）。

（3）答题工具：测评前应提醒考生携带如下答题工具：签字笔、圆珠笔或钢笔，作图工具、计算器、橡皮等。

（4）答题参考资料：测评前应提醒考生可以携带如下参考资料进入考场：工具书、专业书籍、自己的笔记等参考材料。

（5）测试工具："背景情况问卷""综合测试任务卷"和"考生动机调查问卷"以及"考场情况问卷"。其一，"背景情况问卷"要求考生另安排时间在网上答题；其二，要求考生填写"综合测试任务卷"和"考生动机调查问卷"，时间共2个小时（"综合测试任务卷"和"考生动机调查问卷"一并发放填写，每个学生只需完成一个综合测试任务）；其三，"考场情况问卷"由监考教师填写。每次测试的"综合测试任务卷"包括A卷、B卷和C卷三套题，由监考教师随机发放给学生，学生每人仅需完成一份。

（6）试卷印刷与回收：各试卷、答题纸均为A4打印。答题纸、"综合测试任务卷""考生动机调查问卷"各用一个试卷袋存放，"考场情况问卷"与"综合测试任务卷"放在同一个试卷袋内即可。

监考教师回收试卷时，需将"背景情况问卷""综合测试任务卷""考生动机调查问卷"及答题纸分别放回各试卷袋。

（7）监考教师：一般每一考场设一名监考教师，负责整个测试的程序执行、考场纪律、考生问题咨询、试卷发放与回收、姓名等基本信息和问卷题目填答的完整性等。在测评结束前的30分钟内填写"考场情况问卷"。最后监考教师需在每个试卷袋正面如实填写"参加测评单位""试卷名称""考生实际参加人数""测评日期""监考教师姓名和联系方式"等信息。

2) 测评前的准备工作

（1）考卷准备。每一场测评中，要准备的"考场情况问卷"印制数量与实际考场数相同，"综合测试任务卷"和"考生动机调查问卷"及答题纸准备的数量均与考生人数相同。建议为每个考场多印制一份试卷和答题纸备用，未用的试卷在回收时装入试卷袋中。

（2）答题要求准备。应该告知考生并强调，本次测评的目的是采用笔试的形式通过被测者的答案从8个方面透视出被测者的综合职业能力，具体就是要求被测者从如下8个方面思考和提出答案：①直观性（要求图文并茂）；②功能性（要求能解决问题）；③使用价值导向性（要求值得实施）；④经济性（要求关注投入产出和运维费用）；⑤工作过程导向性（要求制订方案按企业工作过程/流程进行）；⑥社会接受度（要求实施过程/成果能被社会接受）；⑦环保性（要求关注节能、环保、废物利用）；⑧创造性（要求方案有意义、有新意）。因此，请大家答题时关注上述8个方面，全面制订解决问题的方案，不能只做技术方案，还要给出包含时间和人力的工作计划/方案。以上内容应印在答题纸上，并作约10分钟的强调性培训，强调测评的必要性和具体要求。

3.1.2　基于职业能力培养的问卷调查

3.1.2.1　面向毕业班学生的问卷

这里所说的毕业班学生，是指毕业前3个月或毕业后半年内的学生。

调查问题（单选题35条）包括：培养目标、课程的教学目标、课程的学习满足需求、对本专业了解和喜爱程度、理/实教学时间的比例、实验实训教学项目数量、教学设备数量、对理/实课的态度、对6门主干和4门专业拓展课程教学满意度、对任课教师的评价、对教学总质量评价、对师生关系评价、对专业及学校的总评价等。

3.1.2.2　面向已毕业学生的问卷

这里主要是面向本校已毕业3~8年的学生的问卷。内容涉及：职称、工作年限、从业范围、最有用的通识知识、最有用的专业基础知识、最有用的专业知识、最有用的专业拓展知识、最重要的专业基本能力、最重要的专业核心能力、最重要的基本素质、最重要的职业素质、好的便于你自己接受的教学方法、理论和实践哪个更重要、最重要的素质、在母校读书这几年对您现在工作的影响、刚毕业的学生最缺乏什么、刚毕业的学生应该追求什么、在校的3年您的感觉如何、所学专业就业状况如何、如果重新选择您会怎么选择。最后，请对于学校、专业教学及各方面提出您的宝贵意见。

3.1.2.3　面向用人单位的问卷

这里主要是面向本校的学生最近几年有顶岗实习或就业的企事业单位，内容涉及：

1) 单位名称（填空题 *必答）
2) 单位性质（单选题 *必答）
□个体、私有企业；□国有企业；□机关事业；□三资企业；□股份制企业。
3) 我院毕业生工作时间跨度（单选题 *必答）
□1~6年；□7~8年；□9~10年；□更长时间。
4) 我院毕业生专业对口情况（单选题 *必答）
□完全对口；□基本对口；□不对口。
5) 你认为毕业生所学专业（单选题 *必答）
□适应工作需要；□基本适应工作需要；□与社会需求距离较大。
6) 您认为我院毕业生具备了哪些方面的专业能力（多选题 *必答）
□识读和绘制零件图和装配图的能力；　　□较强的协调、管理、沟通能力；
□生产组织能力；　　　　　　　　　　　□资料管理能力；
□编制零件加工工艺规程的能力；　　　　□获取相关信息资料的能力；
□生产管理与设备管理能力；　　　　　　□专业软件应用能力；
□设备操作能力；　　　　　　　　　　　□较强的服务意识、责任感；
□设备维修能力；　　　　　　　　　　　□良好的职业道德；
□设备安装与维护能力；　　　　　　　　□其他能力_____。
□产品设计能力；
7) 您认为我院毕业生应加强哪方面的专业能力（多选题 *必答）
□识读和绘制零件图和装配图的能力；　　□协调、管理、沟通能力；
□生产组织能力；　　　　　　　　　　　□资料管理能力；
□编制零件加工工艺规程的能力；　　　　□获取相关信息资料的能力；
□生产管理与设备管理能力；　　　　　　□专业软件应用能力；
□设备操作能力；　　　　　　　　　　　□较强的服务意识、责任感；
□设备维修能力；　　　　　　　　　　　□良好的职业道德；
□设备安装与维护能力；　　　　　　　　□其他能力_____。
□产品设计能力；
8) 您认为一名机电一体化技术专业的毕业生必须具备哪些能力（填空题 *必答）
_____。
9) 您对我院机电一体化技术专业的毕业生有何建议（填空题 *必答）
_____。

3.1.3 基于COMET职业能力测评的教学诊改规程

基于COMET职业能力测评的教学诊改规程如图3-1所示。首先是要对作为职业能力测评专家的人员进行 COMET 应用培训，然后依次进行：①命题（若有了题库可以直接抽题）和设计问卷；②测评和问卷调查；③结果分析；④对照"两标准一方案"仔细检查，然后对人才培养方案和教育教学方式方法提出整改意见；⑤二级教学院（系）根据专业质量管理制度发出整改通知；⑥专业教学团队根据通知制订整改计划，经二级教学院（系）批准后执行整改。

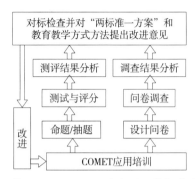

图 3-1 基于 COMET 职业能力测评的教学诊改规程

必须指出，诊改是长期的、持续循环进行的。今年完成整改，明年还要按规程诊改：培训、命题/设计问卷、测评、结果分析、对标检查并提出整改意见、改进，形成持续诊改机制，达到教育教学质量不断提升的目的。

测评和问卷调查结果采用柱状图、饼图、轮廓图和表格并加文字说明，然后给出教学质量诊断报告。根据学生职业能力水平分布、职业能力轮廓图和职业能力层次，结合问卷调查结果，分析影响职业能力的因素。研究发现学生的职业能力与课程教学质量密切相关，而课程教学模式、方法、手段是决定教学效果的主要因素。为此，根据培养目标设置核心课程，根据不同的课程特点分别采用集中教学、项目教学、混合式教学等教学模式，以利于教学效果的提升。从测评结果发现教学质量存在的问题及人才缺陷，指导修订人才培养方案，在课程体系中增设综合素质培养、生产管理、创新能力培养的课程内容，如机电技术应用、生产务实、精益生产、创新创业、综合实践等课程，加重知识应用与能力训练的比例。

3.2 专业质量保证体系与管理制度

3.2.1 专业质量保证体系

如图3-2所示，学院专业质量保证体系由学院二级教学机构（二级学院或教学系部，以下简称"二级学院"）完成组建。二级学院系成立专业质量督导组，小组办公室设在二级学院办公室，对接学院质量督导处。专业质量督导组在学院专业发展规划层面的基础上，负责连接专业、课程、教师、学生四个横向层面，形成学校—专业—课程—教师—学生五个完整层面。专业质量督导组负责二级学院的专业质量管控，审核专业人才培养方案、专业建设标准，审定课程标准，保证专业建设的实施质量，撰写二级学院质量年度报告；专业质量督导组负责考核专业建设的工作绩效和质量，根据学院专业建设实际统筹推进二级学院开展专业质量的自我诊断与改进工作。专业质量督导组由二级学院院长担任组长，二级学院副院长担任常务副组长，督导组成员有：党总支书记、二级学院办公室主任、二级学院教务秘书、二级学院学务秘书、团队负责人、专业负责人和资深教师等。

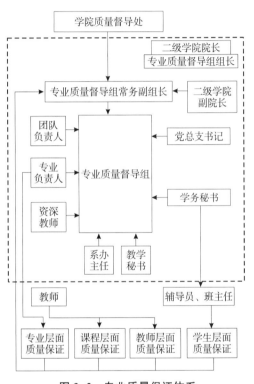

图3-2 专业质量保证体系

3.2.1.1 专业质量督导组组长职责

专业质量督导组组长，由二级学院院长兼任。负责根据学院发展规划及工作要点，组织制订专业发展规划、教师培养规划，组织专业督导组制定与部署诊改工作实施方案、统筹协调系部在专业诊改工作运行中的关系，做好二级学院的专业质量把控。

3.2.1.2 专业质量督导组常务副组长职责

常务副组长，由二级学院副院长兼任。负责对接学院质量督导处，组织实施开展二级学院层面诊改工作，根据专业发展规划组织开展制定专业人才培养方案、教学标准，指导专业质量督导小组开展检查、督导及撰写二级学院质量诊改总结等工作。针对诊改工作中出现的问题，组织开展调研、研究、专题研讨、制定方案，并给予指导，协助各个专业完成诊改各项工作任务。

3.2.1.3 专业质量督导组其他成员职责

质量督导组其他成员。由团队负责人、专业负责人、党总支书记、系办主任、系教学秘书、系学务秘书和具有丰富教学经验的教师组成，指导各专业开展诊改的目标链、标准链的梳理，定期开展诊改实施检查，及时向专业质量督导组常务副组长汇报工作进展情况，发布或者通报专业诊改信息，督导及撰写质量诊改总结等。

(1) **教学团队负责人职责**。根据系部专业发展规划组织团队内各个专业开展调研，制定专业建设方案、专业人才培养方案、教学标准，开展专业自我诊断及改进的各项工作。

(2) **专业负责人职责**。根据专业建设方案、毕业生调研及测评结果，完善及修订专业人才培养方案、教学标准、课程标准等，进行学生学业情况研究分析，落实专业自我诊断及改进工作，撰写专业质量年度报告。

(3) **授课教师职责**。根据专业建设方案、人才培养方案、课程标准以及课程在专业中的定位与课程实际，制订课程建设规划，确定课程建设目标。依据课堂教学实施情况进行课程的自我诊断与改进，撰写课程质量年度报告。教师个人（含辅导员及班主任）根据二级学院教师培养规划，制订个人职业发展计划，进行自我诊断与改进，并定期进行自查。

(4) **二级学院党总支书记职责**。根据二级学院专业建设方案，组织开展毕业生跟踪及企业调研，为专业与教学自我诊断提供数据及满意度信息。组织辅导员及班主任梳理各个班级的目标及标准，开展班级自我诊断及改进。

(5) **班级辅导员/班主任及学生职责**。班级辅导员/班主任根据专业建设方案、人才培养方案等，确定班级的发展目标及标准，制定学生素质教育及思想教育方案，明确学生培养目标、素质标准，并进行自我诊断与改进。组织学生开展个人的自我诊断与改进工作。

(6) **学生职责**。学生对照学校学生全面发展标准、人才培养方案及个人发展需要，制订个人成长规划，以及涵盖思想政治素质、专业能力、身心健康素质及社会实践能力等要素的全面发展目标、标准，并进行自我诊断与改进。

3.2.2 专业质量管理制度

3.2.2.1 专业质量管理制度总则

1) 目的

为保证专业质量管理工作的顺利进行，提高专业建设水平和质量，使之符合学校专业建设管理和发展需要，特制定本制度。

2) 范围

本制度的管理范围详见表3-1。

表 3-1　专业质量管理制度的管理范围

高职教育专业质量影响因素	外部影响因素分析	区域经济对本专业人才的需求规模
		政府的宏观教育政策
		职业资格标准与职业准入制度
		经费投入
		生源规模
		社会对人才的需求
	内部影响因素分析	专业资源因素（包括师资队伍因素，教学管理方式与手段因素，教学过程设计、运行与管理因素，课程设置因素，规章制度因素，评估与控制因素）
		教育环境因素（包括校园文化因素、育人环境因素、学术气氛因素等）

3）质量标准及规范

（1）《职业教育专业目录（2021 年）》。

（2）职业教育国家教学标准体系。

（3）《高等职业学校专业教学标准》。

（4）《职业院校专业实训教学条件建设标准（职业学校专业仪器设备装备规范）》。

（5）《职业学校专业（类）顶岗实习标准》。

4）专业质量管理

根据《专业设置与管理办法》《专业动态调整及预警管理办法》相应指标对专业申报、专业建设及专业退出等过程进行质量监控。

5）专业评估与监控

（1）加强专业评估与监控。定期开展专业建设绩效考评、质量评估工作，对省级重点专业的评审和经费投入实施动态调整。

（2）对新设专业进行年度检查、发布专业建设质量年度报告。

（3）定期开展专业质量评估，对于办学条件严重不足、教学质量低下、就业率过低的专业，责令限期整改，暂停招生直至撤销该专业。

（4）建立和完善专业质量保证体系。在专业、课程、教师、学生四个层面建立完整且相对独立的自我质量保证机制。

6）建立专业质量常态化管理

各专业依据学院事业发展规划和年度重点工作任务，对标教学系部年度工作计划一页纸（详见表 3-2），结合专业发展实际，将专业质量涉及的专业发展、课程建设、教师发展、学生班级发展四个方面的主要任务、进度情况、预算情况、目标达成情况等内容以"一页纸"工作计划报表呈现，运用质量管理平台实施管理和监控。该四个层面的"一页纸"工作计划报表详见表 3-3~表 3-6，表中：①项目目标—要具体明确；②目标维度—按照模板上的内容可删减，比如没有承担"双高"任务，就可以删除此项；③任务—对应系部层面"一页纸"工作计划，体现目标链的传导，描述中必须要体现建设任务的标准依据；④进度计划—用不同颜色标注进度情况：绿色为已完成、黄色为基本完成、白色为未开始、红色为预警；黄色、红色部分内容要在概述和预测中加以说明。

表 3-2 机电工程系"一页纸"工作计划（2021 年）

项目领导									陈×		工作名称	机电系 2021 年度工作分解									日期	2021年3月
项目目标									承接学院重点工作任务，围绕学院中心工作，坚持"三全育人"，完成系部双高建设任务、教学、专业建设工作，做好党建、学生管理以及招生就业工作													
目标											主要任务		进度计划									负责人/优先级		
○										01A	对标申报"三全育人"综合改革试验系				○	●						B A		
●										02A	建设申报"双带头人"工作室 1 个				●	●	●	●	●	○		B A C		
●										03A	申报创建"党建工作标杆系部"及"党建工作样板支部"				●					○		B A		
●										04A	推进"党建+"工作模式，深入打造党建品牌，争创优秀党建品牌 1 个				●	●						B A		
										...	......													
				●						31C	完成 2022 年部门预算编制				●		●			●	○	A B C		
				●						32C	按各时间节点要求完成 2021 年预算执行		●		●		●		●		○	A B C		
			●							33	横向课题到账金额 10 万元以上		●									A B		
			●							34	年内至少举办 4 次公开课或示范课；团队负责人完成 1 次以上专业学术报告											B A		
			○							35	完成 2 本活页式教材、1 本双创教材		●	●	●						○			
			●							36	申请国家发明专利 1 项以上，实用新型专利、软件著作权 5 项以上						●	●	○	●				
			●							37	学院及省级课题申报、结题工作		●	●								A		
●										38	每半年专题研究分析本部门意识形态情况 1 次以上					●	●			●	○	B A		
							●			A	征兵工作		●									B A		
						●				B	完成高基数据年度采集任务					●	●	●		●	○	B A		
					●		●			C	毕业班学生工作：专升本推荐、生源地贷款信息确认、资格审核、证书发放等											B A		
					●					D	迎新工作、新生三年自我发展规划									●		○		
					●					E	组织学生开展校园文化活动				●							B A C		
					●					F	团学、心理辅导员、易班等相关活动													
					●					G	学院和自治区优秀毕业生等评选、评优、评先；辅导员、班主任工作网上评价						●			●		B A		
●										H	教师师德师风全部合格以上				●							B A C		

加强党的领导、意识形态工作	学院『双高』建设	深化校企合作、产教融合	促进『三教』改革	加强教师队伍建设	促进学生成长	提升国际化办学水平	提升社会服务能力	增强持续发展能力	做好学生常规管理工作

| 1月 | 2月 | 3月 | 4月 | 5月 | 6月 | 7月 | 8月 | 9月 | 10月 | 11月 | 12月 | 陈× | 张× | 陈× |

1.78 9.78 部门公用经费 11.76 万元

已冻结 100%

双高 1+x 证书，建设经费 256.86 万元

18.5

（双高项目）师资队伍建设 19.99 万元

因"双高"建设工作紧迫，学院"三全育人"综合改革试验系的申报工作推迟，使该项计划未完成；本系的专利申报启动工作滞后，加上对发明专利审批期限预料不足，未能完成国家发明专利的申报工作

表 3-3 专业发展"一页纸"工作报表

机电工程系机电一体化技术专业"一页纸"工作计划																				
项目领导						陈×							工作名称	2021年度专业建设工作分解						日期	2021年3月
项目目标						建设广西高校高水平专业													
目标								主要任务			进度计划										负责人	

								编号	任务描述	1月	2月	3月	4月	5月	6月	7月	8月	9月	10月	11月	12月	负责人	
●				●				A01	承接系部建设广西高校高水平专业建设任务,按照《广西高水平高职学校和高水平专业建设实施方案》标准,完善专业群教学资源建设及活页式教材1本									●	●	●	●	A	B
●						●		A02	参与系部产教融合校企共建实训基地1个,按照《国务院办公厅关于深化产教融合的若干意见》标准,完善校企协同创新中心建设									●	●			A	B
	●							A03	按照专业建设标准,加强机电一体化技术专业的建设,在学生技能竞赛、教师竞赛中取得二等奖以上2项							●		○		●		B	A
			●					A04	按照教育部关于印发《高等学校课程思政建设指导纲要》的通知(教高〔2020〕3号文)要求,将课程思政内容融入专业人才培养方案,修订2021级人才培养方案						●	●						A	B
		●						A05	协助系部建设省级以上教师教学团队1个										●			A	B
	●							A06	协助系部完成水机教学资源库1个							●		●				B	A
								A07	开展一页纸(3个层面)、质量诊断中期检查							●			●			A	B
						●		A08	开展期中教学座谈会2次							●						A	B
		●						A09	开展教学团队建设,实现职称晋升1人以上							○		○				B	A
				●				A10	完成公开课2次以上,毕业生就业调研1次										●	●		B	A
				●				A11	开展教学改革研究,按计划开展教研活动			●	●	●	●							A	B
				●				A12	周密安排、千方百计按质按量完成19级毕业设计工作,初次就业率90%以上				●	●	●	●						A	B
				●				A13	完成教育厅教学改革立项申报工作1项					●	●							B	A
	●							A14	教学团队成员年内完成发表论文5篇以上						●	●						B	A
	●							A15	申请国家专利2项以上								●					B	A
			●					A16	开展课程建设,完善5门课程的超星平台建设				●	●	●							B	A
	●							A17	开展师德师风建设,全部教师达到合格以上			●	●	●	●	●	●	●	●	●	●	A	B

目标列(从左至右):承担"双高"建设任务 / 专业建设规划 / 专业人才培养方案 / 专业师资队伍建设 / 实践教学条件建设 / 促进"三教改革" / 课程建设 / 教学管理工作 / 产教融合

主要任务 / 目标日期 / 成本 / 概述和预测

图例:部门经费、学院培训经费、专业建设经费

陈× 赵×

教师竞赛投入的时间和精力不足,只取得了省级三等奖,后续需要早启动、多锤炼、多人参与提高参赛竞争力;因对该项工作的疏忽,未能及时了解青年教师职称发表论文存在困难,使本专业教学团队职称晋升的计划未完成

表 3-4　课程建设"一页纸"工作报表

机电工程系"机械设计与应用"课程建设"一页纸"工作计划							
项目领导		邓×		工作名称	2021年度课程建设工作分解	日期	2021年3月
项目目标		"机械设计与应用"课程建设					

目标 (10列)	序号	主要任务	进度计划	负责人/优先级
●・・・・・・・・・	01	课程各教学环节的思政建设工作（承接系部、专业团队对课程建设目标）	・●・●・●・●	C B A D
・●・・・・・・・・	02	课程教师队伍建设，至少参加一项教学能力比赛（承接专业对课程的建设目标与任务）	●●・・・・・・	B C D A
・・・・・・・・●・	03	按照区级在线精品课程建设标准进行课程资源建设（承接校级在线精品课程建设目标及专业对课程建设要求目标，承接水利资源库建设任务）	○・○・●・●	A B C D
・・・・・・・●・・	04	课程教学内容、教学方法等改革研究（承接专业对课程建设要求目标）	・・●・●・●	A B C D
●・・・・・●・・・	05	实训室管理与维护（课程建设要求，日常工作）	●・●・●・●	B C A D
・・●・・・・・・・	06	加强与职业技能大赛的衔接，指导学生参加1项技能竞赛（课程建设要求）	・・・●・・●	C A B D
・・・・●・・・・・	07	为企业提供技术服务或培训1次	・・●・・・・	A B C D
・○・・○・・・・・	08	活页教材编写1部（课程建设要求）	○・○・○・●	A B D C

时间	1月	2月	3月	4月	5月	6月	7月	8月	9月	10月	11月	12月	邓×	黄×	农×	陈×

目标列（从左至右）：加强党的领导 | 深化校企合作、产教融合 | 促进"三教"改革 | 加强教师队伍建设 | 促进学生成长 | 提升国际化办学水平 | 增强社会服务能力 | 提升持续发展能力 | 提高个人教学能力 | 提高个人科研能力

主要任务 / 目标日期 / 成本 / 概述和预测

部门一般公用经费
培训经费
项目建设经费

区级在线精品课程建设的工作未能快速取得成效，借助水利专业资源库的建设，最终还是完成了该课程的建设；因"机械设计与应用"未能进入"双高"院校课程建设的范畴，该课程的活页教材最终未能出版，后续将在校本教材的基础上修订、完善、出版

表 3-5 教师发展"一页纸"工作报表

项目领导						廖×		工作名称					年度"一页纸"工作计划					日期	2021年12月5日
项目目标						建好专业和专业核心课程,提高个人能力													
目标					序号	主要任务		进度计划											负责人/优先级
完善教改科研工作	完成团队负责人工作	做好专业建设	完成教学工作	提高自身素质			1月	2月	3月	4月	5月	6月	7月	8月	9月	10月	11月	12月	
				●	01	加强师德学习,提高自身素质	●		●	●					●	●	●	●	A
				●	02	认真学习教育理论,提高教学能力	●								●	●			A
●					03	探索教学改革,树立正确的教育观	●												A
●	●				04	加大课堂改革力度,优化课堂教学过程,探索"三全"育人模式			●						●	●			A
				●	05	参加院内外学习培训4次以上			●	○	●				●	●			A
	●				06	组织好院内技能竞赛1次以上					●				●				A
	●				07	做好机制团队期初、期中、期末检查测评工作	●								●			●	A
	●				08	收集整理机制专业各种诊改材料,协助做好系部的诊改工作	●	●							●				A
●					09	做好团队教改科研工作,完成1个研究项目的申报或结题工作					●				●				A
	●				10	双师教师的培养及申报工作									●				A
			●		11	完成年400节以上的教学工作任务			●	●									A
			●		12	完成学生疫情管理工作		●	●	●	●	●	●	●	●				A
			●		13	做好18/19级机制专业学生顶岗实习指导工作	●	●	●										A
		●			14	修改完善人才培养方案			●		●				●	●			A
		●			15	组织教学团队开展一次专业调研						○							A
			●		16	完善2门在线课程建设	●	●	●	●	●				●	●			A
			●		17	参与学院"双高"建设	●	●	●	●	●				●	●			A
		○			18	参与教师教学能力比赛		●	●		●				●	●			A

因为受到疫情影响,未能完成院外学习培训和专业调研工作,改为院内培训和网络调研。需要继续提高教学水平,做好教学改革、教学管理及科研工作,参与"双高"建设,完成专业及团队工作

经费:部门一般公用费1.5万元;培训经费1万元;差旅费1万元

表 3-6 学生班级发展"一页纸"工作报表

项目领导						辅导员：覃××		工作名称	20汽车检测与维修技术1班										日期	2021年3月				
项目目标						成为五星级班级																		
目标						编号	主要任务	进度计划											负责人/优先级					
提升思想品质	促进学业发展	维护身心健康	增强实践能力	推进诊断改进	承担重要任务			1月	2月	3月	4月	5月	6月	7月	8月	9月	10月	11月	12月	学生个人	班委成员	班长	班主任	辅导员	党总支书记
●						01	每月开展主题性思想政治集体活动至少1次，全年不少于8次，学生出勤率达95%，有完整记录			●		●		●			●			A	A	A	B	A	C
●						02	每月开展理想信念与爱国主义教育主题班会至少1次，全年不少于8次。学生出勤率达95%，有完整记录			●		●		●			●			A	A	A	C	A	C
●						03	每月开展安全教育主题班会至少1次，全年不少于8次。学生出勤率达95%，有完整记录，且无安全责任事故			●		●	●●				●							A	B
●						04	每月开展谈心谈话次数不低于班级总人数10%			●		●		●			●							A	B
●						05	每月开展"美育"教育，至少1次			●		●		●			●							A	B
●						06	每学年班级获得集体荣誉至少1项				●●					●				A	A	C	B	C	
○						07	每学年班级团员增长率达5%				○					●				A	A	C	B	C	
●						08	每月宿舍卫生达标率达90%，每学期获得文明宿舍占比率达15%			●		●		●			●							A	B
●						09	班级同学学年内违纪处分率低于6%																		
						10	参加公益和志愿服务人数占班级总人数50%			●		●		●			●								
	●					11	完成学期课程学习，及格率达到90%						●						●						
	●					12	每学期每人至少获得第二课堂素质学分1分						●						●						
	●					13	每年学业奖学金人数不低于班级总人数9%										●								
	●					14	每学年单项奖学金人数不低于班级总人数1%										●								
		●				15	每学期体育成绩及格率100%。每学年体能测试达标率100%						●	●						A	A	A	C	B	C
						...	......																		
				●		27	指导学生常态化诊断与改进，学生学期诊改完成率100%；改进措施有效率在80%以上			●		●					●			A	A	A	B	A	C
				●		28	学生年度目标达成率在80%以上，诊改有效率80%以上						●					●		A	A	A	B	A	C
						A	实施、执行与落实													A	A	A	B	A	C
						B	教育、监督与引导													A	A	A	B	A	C
						C	监控、调整与改进													A	A	A	B	B	C

主要任务 / 目标日期 / 成本 / 概述和预测

班费收入 2 100元
评奖支出 780元
团建支出 860元，学习资料 460元

第7项目标未完成：原因是本学期学院分配到系里的发展名额较少，只有一个名额分配到班级，团员增长率达不到目标

7）建立专业预警退出机制

建立专业常态化管理及预警机制，将专业对接企业、行业、产业人才需求情况定期统计、监测和分析，定期发布"红、黄、绿"牌专业名单。

3.2.2.2 对专业质量督导组成员的考核标准与考核制度

为规范学院督导员工作，加强教学督导管理，提高教学质量和人才培养质量，根据《广西水利电力职业技术学院教学督导管理暂行规定》《广西水利电力职业技术学院教学督导工作细则》制定本考核办法。

1. 考核对象特征

（1）热爱工作，廉洁奉公、办事公道、作风正派，具有良好的职业道德和敬业精神；具备一定的文字表达能力与语言沟通能力。

（2）督导组成员需具有副教授及以上专业技术职务或担任专业负责人、团队负责人、骨干教师。

（3）从事过教学或管理工作，具有较丰富的教学实践和管理经验。

（4）责任心强，办事公道，坚持原则，有较高的政策水平。

（5）具有较强的组织能力和教学研究及教学指导能力。

2. 任务类型

（1）吸收上级文件精神，依据学院事业发展总体规划及专业建设规划，制定专业质量督导标准。

（2）依据专业建设与运行实施方案，编制专业质量管理项目规划，指导专业、课程、教师制定"一页纸"工作报表。

（3）跟踪专业建设与运行情况，进行过程预警、反馈和调整。

（4）开展专业建设年中和年终诊改工作复核工作会议，提炼专业建设诊改运行成效，总结运行问题，拟定改进建议。

（5）每年根据要求发布专业建设质量年报。

3. 任务观测指标

（1）专业质量管理项目规划编制。

（2）制定（修订）专业质量管理与考核制度。

（3）专业课程质量保证体系建设与运行实施指导。

（4）学院专业发展规划执行情况考核。

（5）学院重点专业工作考核。

（6）学院专业质量年度考核。

4. 分值体系

1）考核类型与项目

考核类型与项目详见表3-7。

表 3-7 考核表

考核者：___	与被考核者工作关系：___		考核得分：___			
被考核者：___		权数	优秀	良好	合格	不合格
考核类型	一、工作能力	40				
考核项目	任务完成度					
	规划能力					
	指导能力					
	创新能力					
考核类型	二、工作业绩	40				
考核项目	完成任务的质量（完成度、满意度）					
	标志成果情况					
考核类型	三、工作态度	20				
考核项目	督导工作主动性与自觉性					
	责任心					
	考核小计					
	总分	100				

2）考核方式

考核评分，以督导员工作表现和实际工作业绩为考核依据。

自评：以考核表进行自我评分。

同事评：工作同事对被考核人进行评分。

直接上级考评：直接上级根据督导员的表现和业绩进行评分。

人事处复核：为考评客观性，人事处对考评进行最后复核、公示。

公示无异议后，人事处对督导员的考核表按以下汇总计算：

最终评分 = 自评×20% + 同事考评×40% + 直接上级考评×40%

3）考核等级

考核结果分为优秀（85分以上）、良好（70~84分）、及格（60~69分）、不及格（59分以下）。

4）考核结果运用

绩效奖励、任职资格等级的调整、员工培训的安排，都将以考核结果作为重要依据。

3.2.2.3 对教学团队负责人和专业负责人的考核标准与考核制度

为充分发挥教学团队负责人和专业负责人在教学管理中的重要作用，推动教学管理工作的制度化、规范化、科学化，顺利开展教学改革和专业建设，完成专业诊断与改进常态化工作，努力提高教育管理水平和教育质量，结合实际情况，特制定本办法。

1. 考核对象特征

（1）师德师风优良，熟悉高等职业教育规律和要求。

（2）熟知学院行政管理和教学管理规定，有较强的组织管理能力，工作积极主动。

(3)取得高校教师资格证书,原则上要求具有副高以上职称(特别优秀的可适当降低要求),从事高职教学工作五年以上。

(4)在专业领域有一定的造诣和丰富的课堂教学经验,具有一定的教科研能力。

2. 任务类型

(1)抓好本教学团队/专业的教学组织与管理工作。

(2)积极开展专业和课程建设工作。

(3)认真组织业务学习,开展教研活动。

(4)积极推进校企合作与工学结合,加强实践教学环节管理。

(5)抓好教学团队建设工作。

(6)做好学生专业教育、职业道德培养工作。

3. 分值体系

1)考核项目

对教学团队负责人和专业负责人的考评主要由学院和各二级学院负责,以教学团队和专业活动记录为考评依据,主要考评教学团队负责人和专业负责人履行职责及教师落实工作规范的情况,每学年考核一次。教学团队负责人和专业负责人的考评由三部分组成:教学团队全员考评(占40%权重);二级学院考评(占40%权重);学院考评(占20%权重)。教学团队考评、二级学院考评、学院考评均采用无记名方式。考核内容参考采用教学团队负责人和专业负责人《工作量化考核表》,如表3-8所示。

表3-8 工作量化考核表

二级学院:		教学团队:	教学团队负责人:	
	工作项目		分值	考核得分
常规教研活动	1. 依据学院事业发展规划和年度重点工作任务,结合专业的发展实际,制订教学团队的"一页纸"工作计划报表		10	
	2. 根据"一页纸"工作计划报表,按时、按质、按量落实本教学团队的工作任务		10	
	3. 积极组织和按期开展教研活动,每2周开展1次常规教研活动,每学期开展至少1次主题教研活动;督促和帮助教师完成教师教学日志		15	
	4. 组织本专业(课程)的教学观摩研讨活动。每学期必须听本教学团队教师4次以上的课		10	
	5. 严格执行学校各项规章制度,教学团队各项工作规范有序地进行,做好期末试卷的审阅及保密工作,无重大教学事故发生		10	
	6. 做好本教学团队教学工作检查、考评工作。对教师的考核、晋升、奖惩提出具体意见,积极配合学校完成师资结构的优化任务		10	
教育教学改革	7. 完成人才培养方案的制定(修订)、课程教学大纲(标准)的编制及相关教学文件的建设任务		10	
	8. 按计划要求完成专业和课程建设任务		15	
	9. 适应现代职业教育发展需要,组织和完成专业和课程改革任务,积极承担教科研项目		10	
	合计		100	

2）考评组织

（1）教学团队考评。由教学团队全体教师组成，得分为去掉一个最高分和一个最低分后的平均值。

（2）二级学院考评。二级学院考核由二级学院院长、二级学院主管教学的副院长、党总支书记等二级学院领导组成。二级学院考评的得分为每个考核成员打分的平均值。

（3）学院考评。学院考核由教务科研处处长、质量督导处处长等部门领导组成。学院考评的得分为每个考核成员打分的平均值。教学团队负责人和专业负责人需附不少于1 000字的年度团队和专业建设情况总结（含开展教学活动情况、教学研讨会情况及其他需要说明的情况），连同教学团队和各专业的各类会议记录、听课记录、发表论文等佐证材料复印件，以及教学团队负责人和专业负责人《工作量化考核表》交学院及系部考核小组考评。

3）考核等级

考核结果分为优秀（85分以上）、良好（70~84分）、及格（60~69分）、不及格（59分以下）。

4）考核结果运用

绩效奖励、任职资格等级的调整、员工培训的安排，都将以考核结果作为重要依据。

3.2.2.4 对授课教师的考核标准与考核制度

为充分发挥授课教师在教学过程中的主导作用，带动学生的主动性，推动教育教学、课程诊断与改进的各项工作常态化，开展教学改革和课程思政建设，努力提高教学质量和办学水平，结合实际情况，特制定本办法。

1. 考核对象特征

（1）师德师风优良，熟悉高等职业教育规律和要求。

（2）取得高校教师资格证书。

（3）在专业领域有一定的社会实践能力。

2. 任务类型

（1）完成本学年规定的教学任务量。

（2）开展专业和课程建设。

（3）完成课程的诊断与改进常态化工作。

（4）参与专业培训。

（5）积极参与学生管理工作。

（6）积极参与教学团队建设工作。

（7）积极参与学生专业教育、职业道德培养工作。

3. 分值体系

1）考核项目

对授课教师的考评主要由各教学团队负责，以教师的教研活动与教育教改为考评依据，主要考评教授课教师个人落实工作规范的情况，每学年考核一次。授课教师的考评由三部分组成：教学团队全员考评（占30%权重）、学生考评（占40%权重）、二级学院考评（占30%权重）。教学团队考评、学生考评、二级学院考评均采用无记名方式。考核内容参考采用《授课教师工作量化考核表》，如表3-9所示。

表3-9 授课教师工作量化考核表

二级学院：	教学团队：	教师：		
	工作项目		分值	考核得分
常规教学活动	1. 依据学院事业发展规划和年度重点工作任务，结合本团队的发展实际，制订教师发展"一页纸"工作计划报表		10	
	2. 根据"一页纸"工作计划报表，按时按质按量落实本教师个人和团队的工作任务		10	
	3. 积极参与教研活动		15	
	4. 开展课程诊断与改进工作，有计划，有总结，有反馈		10	
	5. 严格执行学校各项规章制度，做好期末试卷的审阅及保密工作，无重大教学事故发生		10	
	6. 做好课程思政工作		10	
教育教学改革	7. 积极参与相关社会实践任务		15	
	8. 适应现代职业教育发展需要，参与专业和课程改革任务，积极承担教科研项目		20	
师德考核				
合计			100	

2）考评组织

（1）教学团队考评。由教学团队全体教师组成，得分为去掉一个最高分和一个最低分后的平均值。

（2）学生考评。学生考核只考核师德和常规教研活动中的2、6项目，其他项目分值以教学团队和系部考评的相应系数比例为分数。

（3）二级学院考评。二级学院考核由二级学院院长、二级学院副院长、团队负责人、党总支书记等二级学院领导组成。二级学院考评的得分为每个考核成员打分的平均值。授课教师需附不少于1 000字的年终个人教学总结，连同听课记录、发表论文、诊改计划及总结等材料复印件交由二级学院考核小组考评。

（4）师德不达标为一票否决项，分优秀、良好、及格和不及格。

3）考核等级

考核结果分为优秀（85分以上）、良好（70~84分）、及格（60~69分）、不及格（59分以下）。

4）考核结果运用

绩效奖励、任职资格等级的调整、员工培训的安排，都将以考核结果作为重要依据。

3.2.2.5 对二级学院党总支书记的考核标准与考核制度

为坚持和加强党的全面领导，落实党要管党、全面从严治党的要求，紧紧围绕新时代党的建设总要求，以政治建设为统领，统筹推进思想建设、组织建设、作风建设、纪律建设，把制度建设贯穿其中，深入推进党建工作，打造过硬党组织，推动党总支书记抓党建主体责任的落实，形成责任明确、考核规范、评价科学、奖惩分明的党总支书记考核办法。

1. 考核对象特征

（1）具备较高的思想政治素质、坚定的政治立场，坚定不移地贯彻执行党的路线、方针、政策，始终在政治上、思想上、行动上与党中央保持高度一致。

（2）廉洁奉公，不谋私利，不怕吃亏，甘于奉献。

（3）有强烈的革命事业心和政治责任感，有实践经验，有胜任领导工作的组织能力、文化水平和专业知识。

（4）能够把党的方针、政策同本地区、本部门的实际相结合，卓有成效地开展各项工作。

2. 任务类型

（1）吸收上级文件精神，指导辅导员、班主任、学生做好专业质量教学诊断与改进的常态化工作。

（2）抓好本系政治学习和师德建设工作，对教职工进行思想政治教育。

（3）做好本系的辅导员、班主任的配置、管理、考核工作和学生的管理、招生、毕业推荐。

（4）科学指导辅导员、班主任做好学生的思想教育和日常管理工作。

（5）加强沟通交流，上下形成合力，全面、细致、准确、快速地完成各项工作任务，提高专业质量建设。

（6）领导本系学生会、团总支开展各项活动。

3. 任务观测指标

（1）建立辅导员、班主任管理方法。

（2）制定（修订）辅导员、班主任考核制度。

（3）制定（修订）班级考核制度。

（4）学院专业发展规划执行情况考核。

（5）学院重点专业工作考核。

（6）专业质量管理制度执行情况年度考核。

4. 分值体系

1）考核类型

考核类型详见表3-10。

表3-10 党总支书记工作量化考核表　　被考核者：_____

项目及分值	考核内容	分值	考核得分
（一）政治建设情况	包括把政治建设摆在首位、坚决维护以总书记为核心的党中央权威和集中统一领导、坚定执行党的政治路线、严格遵守政治纪律和政治规矩、严格执行新形势下党内政治生活若干准则、加强党性锻炼等方面的情况	15分	
（二）思想建设情况	包括组织教师认真学习领会新时代中国特色社会主义思想、职业教育新理论等，坚定理想信念，推进学习教育常态化制度化，举行廉洁教育，落实意识形态工作第一责任人等方面的情况	15分	
（三）组织建设情况	包括维护班子团结、做好党员及教职工日常教育，开展管理监督和服务工作，定期在全体教职工范围内开展党课教育、廉洁教育等活动	15分	
（四）作风建设情况	包括坚持以师生为中心的发展思想、践行党的宗旨、密切联系和服务师生，执行学院党委决定或决议，完成学院党委下达的工作任务等方面的情况	15分	
（五）纪律建设情况	包括履行党风廉政建设第一责任人责任、抓好党风廉政建设，做好教职工廉政教育，教育教职工严格遵守各项政治纪律、组织纪律、廉洁纪律、群众纪律、工作纪律、生活纪律，带头严格执行等方面的情况	15分	
（六）作用发挥情况	包括对教师选用教材、教学内容的政治把关，考核辅导员与班主任发挥对班级、学生在专业质量诊断与改进工作中的作用，引导教师党员发挥先锋模范作用	15分	
（七）群众反映	在群众中测评满意度情况	10分	
合计		100分	

2）考核方式

（1）自评：党总支书记根据考核表进行自评后按规定时间报送学院上级部门。

（2）考评：由学院人事处、教务科研处、质量督导处等部门领导组成考核小组，对党总支书记的自评材料进行初评，并将考评结果提交学院党委审定。

（3）审定：学院党委审定后，考核结果在全院范围内通报。

3）考核等级

考核结果分为优秀（85分以上）、良好（70~84分）、及格（60~69分）、不及格（59分以下）。

4）考核结果运用

绩效奖励、任职资格等级的调整、员工培训的安排，都将以考核结果作为重要依据。

3.2.2.6 对班级辅导员/班主任的考核标准与考核制度

辅导员/班主任是学院教师队伍的重要组成部分，是大学生思想政治教育工作的骨干力量，是大学生健康成长的指导者、引路人。为规范班主任工作，加强学生管理，提高学生素质和人才培养质量，根据《广西水利电力职业技术学院内部质量保证体系运行实施方案（2021年）》《广西水利电力职业技术学院辅导员、班主任工作考核办法》制定本考核办法。

1. 考核对象特征

（1）言谈得体，举止文明，有良好的修养，起到为人师表的作用。

（2）具有初级及以上专业技术职务，工作主动、认真、负责，从事过教学或管理工作，具有教学实践和管理经验。

（3）具有较强的课外活动和社会实践活动组织能力。

（4）政治素质高，办事公道、民主，坚持原则。

2. 任务类型

（1）根据专业诊改工作的要求及时组织班级开展文件、通知的学习，抓好班级学风建设工作。

（2）做好学生的思想教育和日常管理工作。

（3）掌握学生的思想、学习、生活情况。

（4）跟踪学生学习、生活成长，及时进行过程预警、反馈和调整。

（5）开展就业指导工作，引领学生熟悉就业有关政策和就业情况，向学生传授择业技巧，引导学生树立正确的择业观、就业观，指导学生做好个人发展规划。

（6）做好就业推荐工作和就业信息收集工作。

3. 任务观测指标

（1）深入班级，与学生进行思想，学习、生活方面的交流。

（2）定期召开班级学风讲评会。

（3）组织学生参加优秀校友或专业发展动态讲座。

（4）掌握班级到课率，班级考试合格率，有预警，有调整，有反馈。

（5）掌握班级就业率，指导毕业生档案材料填写。

（6）指导完成班级、学生的诊断与改进计划、总结，监督、推进、落实班级、学生的诊改工作。

4. 分值体系

1）考核类型与项目

详见表3-11。

表 3-11 辅导员/班主任工作量化考核表

考核年度：		总　　分：100分			
考核单位：		被考核人：			

项目	工作内容及要求	分值	考核得分	备注
辅导员/班主任共性任务（70分）	言谈得体，举止文明，有良好的修养，起为人师表作用	5		
	抓好班级学风建设工作，抓好班干、团干、党员学生的模范带头作用，营造良好学习氛围，提高学生学习积极性。及时帮助学生解决在专业、择业、生活方面遇到的问题	5		
	根据班级的实际情况，有计划地指导、引导班级开展诊改工作，有计划、有总结	5		
	根据学生的性格、特长、爱好，积极指导学生制定个人职业生涯策划，指导完成选修课的选择和参加第二课堂活动。积极组织班级开展课外活动	5		
	引导学生根据个人发展规划选择选修课和第二课堂的学习	5		
	及时掌握学生的思想、学习、生活情况	5		
	定期做好学生安全教育，提高学生安全防范意识	5		
	关心和爱护后进学生，帮教措施得当，学生进步明显	5		
	指导学生完成个人诊改工作，有计划、总结	5		
	辅导员与班主任配合做好学生的思想教育和日常管理工作	5		
	定期介绍行业及专业的发展状况，积极开展就业指导工作，引导学生树立正确的人生观、价值观、择业观	5		
	师德师风考核结果优良	5		
辅导员任务（30分）	每月至少召开1次班级学风讲评会，每周至少深入班级1次，与学生进行思想、学习、生活方面的交流，准确地掌握学生的思想、学习、生活情况	5		
	积极组织学生参加课外活动和社会实践活动，效果好	5		
	积极主动做好就业推荐工作和就业信息收集工作，班级就业率高；毕业生档案材料填写合格率高	5		
	向学生传授择业技巧；向学生宣讲就业有关政策和就业情况，引导学生树立正确的择业观、就业观	5		
班主任任务（30分）	经常与辅导员联系，掌握学生的思想、学习、生活情况	5		
	积极配合辅导员做好学生的思想教育和日常管理工作	5		
	及时解答学生有关专业发展、课程学习上遇到的问题	5		
	抓好德育教育，帮助学生明确学习目的、端正学习态度，掌握科学的学习方法，不断提高学习成绩	5		
合计		100		
备注	1. 依据学院事业发展规划和年度重点工作任务，结合专业建设和班级发展实际，制订班级发展"一页纸"工作计划报表； 2. 根据"一页纸"工作计划报表，按时按质按量落实本班级的工作任务			

2）考核方式

采取二级学院评议、教学团队评议、学生评议的三级量化考核方式，考核成绩实行百分制，其中辅导员/班主任共性任务评议分值占70%，辅导员/班主任个性任务评议分值各占30%。

（1）二级学院评议。二级学院考核小组由二级学院院长、二级学院主管教学的副院长及党总支书记组成。二级学院考评的得分为每个考核成员打分的平均值。

（2）教学团队评议。由教学团队全体教师组成，得分为去掉一个最高分和一个最低分后的平均值。

（3）学生考评。由辅导员/班主任所带班级学生打分，得分为去掉一个最高分和一个最低分后的平均值。辅导员/班主任需附不少于1 000字的年终个人工作总结，连同指导班级、学生开展诊改工作的佐证材料复印件交由各个考核小组考评。

（4）师德达标为一票否决项，分优秀、良好、及格和不及格。

辅导员/班主任的考核表按以下汇总计算：

最终评分=二级学院评议×40%+教学团队评议×30%+学生评议×30%

3）考核等级

考核结果分为优秀（90~100分）、合格（75~89分）、基本合格（60~74分）、不合格（59分以下）。

4）考核结果运用

绩效奖励、任职资格等级的调整、员工培训的安排，都将以考核结果作为重要依据。

3.2.2.7　对学生的考核标准与考核制度

为贯彻落实党的教育方针，鼓励学生在校期间刻苦学习，奋发向上，德、智、体、美、劳全面发展，实现对学校人才质量的定量化、科学化评价，结合学院实际，根据《高等学校学生行为准则》《广西水利电力职业技术学院学生手册》《广西水利电力职业技术学院学生个人综合素质考评办法》制定本考核办法。

1. 考核对象

通过注册取得广西水利电力职业技术学院学籍的全日制学生。

2. 任务类型

(1) 参与德育实践活动，提升全面的综合素质。

(2) 努力完成专业学业，巩固扎实的专业基础。

(3) 加强思想道德学习，树立正确的价值导向。

(4) 积极开展体育锻炼，养成良好的生活作息。

3. 任务观测指标

（1）思想品德测评。

（2）创新能力。

（3）社会实践能力。

（4）课程的考核成绩平均学分绩。

（5）学生体质健康标准。

（6）团结协作能力。

4. 分值体系

1）考核类型与项目（详见表3-12）

表3-12　对学生的考核表

考核者：_____　　与被考核者工作关系：_____　　考核得分：_____

	被考核者：_____	分值	考核得分
一、德育水平（50分）	思想品德好，积极上进，模范遵守学校各项规章制度，无违纪及不文明行为	10	
	学习态度端正，学习目标明确	8	
	积极参加课外活动，同学关系融洽	8	
	积极参加社会实践活动，具有一定解决问题的能力	8	
	积极参与班级争先评优活动，为班级活动出谋划策，热心为同学服务	8	
	明理诚信，团结友善，勇于创新	8	
二、课程学习（20分）	学期所有修读课程的考核成绩平均学分绩	20	
三、诊改成效（25分）	认真参加学校有关诊改工作的学习和培训	8	
	结合个人实际认真制定个人职业发展规划	9	
	个人诊改有计划、有总结，个人有进步	8	
四、体能（5分）	《学生体质健康标准》成绩	5	
总分		100	

2）考核方式

学生的德育水平综合分：各二级学院党总支书记在每学期结束前三周组织辅导员（班主任）、班委会、团支部以及学生代表共同对本学期每个学生的思想品德、学习态度、社会实践、参加活动积极性等情况进行认真核实并评分，计算平均分数。

课程学习综合分：专业质量督导组副组长组织教师每学期根据课程教学大纲和专业人才培养方案，按照学期所有修读课程的考核成绩平均学分成绩做好对学生的课程考核。

诊改成效综合分：由团队负责人组织相关专业负责人、辅导员、班主任、学生干部根据专业人才培养方案、专业建设方案等，对学生完成个人发展规划、诊改计划、总结的情况和质量,以及学生的进步情况予以评分,得分为每个考核成员评分的平均值。

体育测试综合分:公共部组织教师按照《学生体质健康标准》定期对学生进行体质测试,并根据学生体质测试结果按照比例折算成分数。

3)考核等级

考核结果分为优秀(90~100分)、良好(80~89分)、中等(70~79分)、及格(60~69分)、不及格(59分以下)。

4)考核结果运用

考评结果作为学生评优、评奖、毕业生择优推荐就业的依据。

第 4 章

基于 COMET 的机电一体化技术专业教学诊改案例

4.1 职业能力测评

4.1.1 测评题目库建设

4.1.1.1 创建职业能力测评培训包，培养专家团队

(1) 创建职业能力测评培训包。对于老师和被测试者（学生）而言，仅仅了解 COMET 就够了。但是，对于参与命题、评分、评定能力等级、分析测评结果的专家而言，必须深入学习理解 COMET，吃透各个评分点的内涵。这就给 COMET 的应用和推广提出了一个培训的问题。为此，我们创建了职业能力测评培训包，主要内容有：高职院校专业诊改工作的提出，对相关文件的主要解读，COMET 职业能力测评简介、具体内容和测评方法、测评结果呈现与分析、命题实务、能力等级确定及基于 COMET 能力模型的教学改革等。

(2) 培养专家团队。其一，是利用双休日，对参与职业能力测评的主要成员进行为期两天的培训，培训目标环节有：进行教学质量诊改的重要性、职业能力测评的必要性、COMET 能力模型各个评分点的内涵理解、题目及答卷案例分析、评分实务等；其二，是对定位为命题和能力等级评定专家的老师，安排参加相关培训班、有关课题研究，以及各类技能大赛有关综合职业能力测评的命题和裁判工作。

4.1.1.2 建立职业能力测评题库

开放式的综合测试题目是 COMET 测评方案的主要测试工具，该题目的形式与实际工作中的任务类似，它来源于职业的典型工作任务，且符合职业教育培养目标的要求。因此，命题的质量直接影响职业能力测评的质量，必须引起足够的重视。为今后方便进行职业能力测评，我们考虑事先集中精力组织力量出一批测评题目，形成题库，供各相关专业测评时选用。题库建设过程按下述程序进行。

1) 首次命题

邀请企业工程师到学校与老师们一起，在 COMET 测评专家的指导下，按如下程序进行：集体培训及相互融合约 3 小时，研讨并确定典型工作任务约 4 小时，完成题目的初稿一约 2 小时，基于 8 个能力模块进行修改得到初稿二约 1 小时，对初稿二作参考答案约 2 小时，对参考答案评分约 1 小时。最后，基于评分结果对初稿二进行修改得到最终稿、拟订问题解决空间和参考资料。

2) 其他命题

除首次命题外，其他命题可以采用多种命题模式，一方面提倡按照首次命题的模式进

行,另一方面提倡参考首次命题的模式创新命题模式。这是因为经历首次命题模式的老师,已经掌握命题的内涵需要,可以灵活地把控命题过程。例如,可以先在学校初步拟订多个题目,然后到企业调研后再进行典型工作任务及其场景的修改调整,最后对标8个能力模块40个观测点进行修改定稿。

4.1.2 测试任务例

4.1.2.1 测试任务例A:驱动单元优化

1)情境描述

一个垃圾分类设备的传送带经常出现故障,因为垃圾里的盒式录像带的聚酯磁带经常缠绕在旋转驱动单元零件上(见图4-1)。该设备本来应该每周七天,每天24小时不间断运行。作为驱动技术维修人员,你要完成这份任务。

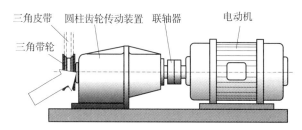

图4-1 旋转驱动单元

在电话中,恼怒的客户还告诉你该设备有异常噪声和黑烟。你怀疑皮带轮和壳体之间的密封件损坏(见图中箭头所指),由于摩擦发热量大,机油存在汽化蒸发。客户要求你寻找可能的解决方案,以确保将来不会再发生类似故障。

2)任务要求

请你制定详细、可持续的解决方案,全面并详细论证你的解决方案。如果还有其他问题要向委托人、用户或者其他专业人士提出,请将这些问题写下来,并准备进行协调沟通。

3)劳动工具与辅助工具

回答上述问题时可使用所有常见资料和工具,如教学用书、笔记本、工作手册和互联网、计算器等。

4)附件

直齿圆柱齿轮传动装置装配图如图4-2所示。

4.1.2.2 测试任务例B:车床重新启用

1)情境描述

一位教师想引入工作过程导向教学理念,在教学过程中,通过工作小组的组织方式开展

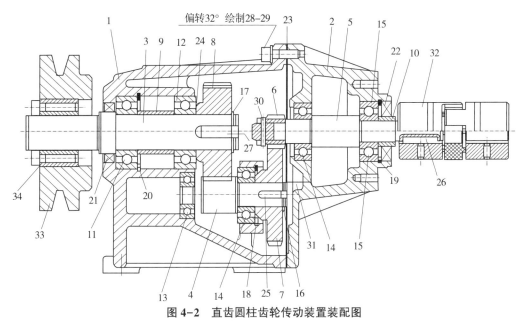

图 4-2 直齿圆柱齿轮传动装置装配图

1—箱体；2—端盖；3—输出轴；4—二级主动齿轮；5—输出轴；6——级主动齿轮；7——级从动齿轮；
8—二级从动齿轮；9—定位套；10—密封套；11，12，13，14，15—球轴承；16，17，18，19，20—弹性挡圈；
21，22—密封圈；23，24—垫圈；25，26，27—键；28—螺钉；29—弹簧垫圈；
30，31—胀紧销；32—联轴器；33—三角带轮；34—胀紧元件

生产实训，这样实训车间就可以承接企业的生产任务订单，生产相关零部件。这些零部件可用在不同设备上，尺寸和材料不同，要求公差为 0.01 mm，需要具有切削加工专业技能的人进行加工。

车间中有一台老旧的 DLZ702 型车床（见图 4-3）用于生产圆柱状部件。这台车床过去三年仅偶尔用来生产允许偏差较大的简单圆柱状部件。按照车间负责人的说法，目前该设备没有按照要求进行相关维护保养。

图 4-3 老旧的 DLZ702 型车床

你现在负责维修部工作，从上级得到的任务是：把该车床安装在实训车间一个新的合适的位置，并使其正常运行。

此外还要提出车床改造的可能性，以便使该车床能够完成更多的加工任务，以达到实训目标。改造工作仅局限在作为维修人员的职责范围内。

2）任务要求

请你制订一份详细的安装和改造计划，达到相关安装标准和加工精度要求，并全面详细论证改造计划。如果你还有其他问题要向委托人、用户或者其他专业人士提出，请将这些问题写下来，准备进行协调沟通。

3）劳动工具与辅助工具

操作说明书和车床参数，常见资料和工具，如教学用书、笔记本、工作手册和互联网、计算器等。

4.2 职业能力测评的实施及测评结果分析

4.2.1 职业能力测评的实施

4.2.1.1 考卷准备

每一场测评中，要准备的"考场情况问卷"印制数量与实际考场数相同，"综合测试任务卷"和"考生动机调查问卷"及答题纸要准备的数量均与考生人数相同。建议为每个考场多印制一份试卷和答题纸备用，未用的试卷在回收时装入试卷袋中。

4.2.1.2 答题要求准备

应该强调性告之考生，本次测评的目的是采用笔试的形式，通过被测试者的答案从8个方面透视出被测试者的综合职业能力，具体就是要求被测试者从如下8个方面思考和提出答案：

(1) 直观性：要求展示的方案图文并茂，通俗易懂；
(2) 功能性：要求所做的方案能解决问题；
(3) 使用价值导向性：要求所做的方案值得实施；
(4) 经济性：要求关注投入产出和运维费用；
(5) 工作过程导向性：要求制订方案按企业工作过程/流程进行；
(6) 社会接受度：要求实施过程及成果能被社会接受；
(7) 环保性：要求关注节能、环保和废物利用；
(8) 创造性：要求所做的方案有意义、有新意。

因此，请大家答题时关注上述8个方面全面制订解决问题的方案，不能只做技术方案，还要给出包含时间和人力的工作计划。以上内容应印在答题纸上，并进行约15分钟的强调性培训，强调测评的必要性和具体要求。

4.2.2 测评结果分析

4.2.2.1 测评数据汇总

2018年6月对广西水利电力职业技术学院机电类专业2018届毕业班进行职业能力测评，结果详见表4-1，其中：接受测评的有40人，答题时间控制在2小时内。

表 4-1 广西水利电力职业技术学院机电类专业 2018 届毕业班职业能力测评数据汇总

指标	被测试者编号																			
	01	02	03	04	05	06	07	08	09	10	11	12	13	14	15	16	17	18	19	20
K1	2.2	2.4	2.2	2.4	2.4	2.4	2.4	2	2.2	2.2	2.2	1.4	1.8	2.2	2.4	2.2	2.6	2	2.2	2.2
K2	2.4	1.8	2.4	1.8	2.4	2.4	2.2	2.4	2	1.8	2	0.8	1.6	1.8	2.4	1.6	2.2	2	2.2	2
K3	1.4	1.4	1.6	1.6	1.6	1.8	1.6	1.6	1.4	1.2	1.4	0.6	1.2	1.2	1.8	1.2	1.2	1.2	1.4	1.2
K4	0.8	0.8	1	0.8	1	1	0.8	1	1	0.8	0.8	0.6	0.6	0.6	1	0.6	0.6	0.6	0.8	1
K5	1.6	1.4	1.8	1.8	2	2	1.8	1.6	1	1.6	1.6	1.2	1	1.6	1.6	1.4	1.6	1.6	1.4	1.4
K6	0.8	1.2	1	0.8	1.2	1.2	1	1	0.8	1	0.8	0.6	0.8	1.2	1	1	0.4	0.6	0.6	
K7	0.4	0.6	1	0.8	0.8	0.8	1.2	1	0.8	0.8	0.2	0.2	0.8	0.8	0.8	1	0.8	0.4	0.4	0.4
K8	0.8	1	1.4	1	1.4	1.4	1.2	1.4	1.2	1	1	0.4	1	1.6	0.6	0.6	0.8	1	1	
KF	23	21	25	21	24	24	23	22	21	20	20	11	17	20	24	19	24	20	22	21
KP	12.7	12	14.7	14	15.3	16	14	14	12.7	12	12.7	8	9.3	11.3	14	10.7	11.3	11.3	12	12
KG	6.7	9.3	11.3	8.7	11.3	11.3	11.3	10.7	11.3	8.7	8	4.7	4	8.7	12	8	8	5.3	6.7	6.7
等级	Z2	Z2	Z2	Z3	Z2	Z3	Z3	Z3	Z3	Z2	Z3	Z2	Z2	B1	Z1	Z2	Z3	B2	Z2	Z2

指标	被测试者编号																			
	21	22	23	24	25	26	27	28	29	30	31	32	33	34	35	36	37	38	39	40
K1	2.4	2.8	2	2.6	2.4	1.8	1.8	1.4	1.6	2.2	2	2.4	1.8	2	2.2	2.2	2.2	2.2	2.2	2
K2	2.2	2.4	1.6	2.6	1.6	1.4	1.4	1.2	1.2	2.4	1.4	2.2	1	1.6	1.6	1.6	1.8	2.2	2.2	1.4
K3	1.4	1.6	1.4	1.4	1.2	0.8	1	1.2	1.2	1	1	0.8	1	1.2	1.4	1.4	1.2	1.4	1	
K4	1	1	0.6	1.6	1	0.6	0.6	0.6	0.6	1.4	0.8	1.4	0.6	0.4	1	0.4	0.6	1	0.8	0.4
K5	1.6	1.6	1	1.6	1.6	1	1	1	1.6	1.6	2.2	1.4	1	1.6	1.6	1.6	1.6	1.6	1.6	
K6	0.6	1	0.6	1	0.8	0.6	0.8	0.6	0.6	0.8	0.6	1	0.2	0.4	0.6	0.8	0.8	1.2	1.2	1
K7	0.4	0.8	0.2	1	0.4	0.4	0.4	0.4	0.4	0.8	0.6	1	0.2	1.4	0.4	0.4	0.8	0.6	0.6	
K8	1	1.4	0.6	1	1.2	0.6	1	0.6	0.8	1	1	1	0.4	0.6	0.6	0.8	0.4	0.8	0.8	0.4
KF	23	26	18	26	20	16	16	13	18	22	17	23	14	17	18	19	20	22	22	17
KP	13.3	14	11.3	16	13.3	11.3	10.7	8.7	10.7	14	11.3	15.3	9.3	9.3	10	11.3	12	12.7	12.7	10
KG	6.7	10.7	4.7	10.7	8.7	5.3	7.3	4	6	7.3	8	11.3	3.3	3.3	5.3	6	9.3	9.3	6.7	
等级	Z2	Z2	Z2	Z2	Z2	B2	Z1	B2	Z2	Z2	Z3	Z1	Z1	Z1	Z2	Z2	Z2	Z2	Z2	B2
备注	等级符号中,"Z"表示该等级得分不低于11.25分,直接定级;"B"表示该等级得分低于11.25分,通过高一级的补充才获得该等级能力。																			

4.2.2.2 一级能力水平分布

考察表 4-1 可知,2018 年测评结果为:能力等级 0 有 0 人,占 0.0%;能力等级 1 有 6 人,占 15.0%;能力等级 2 有 27 人,占 67.5%;能力等级 3 有 7 人,占 17.5%。由此得能力水平分布情况(百分比)如图 4-4 深色柱状图所示。另外,2015 年也对机电类专业做过同样的测评,测评结果为:能力等级 0 占 63.5%,能力等级 1 占 32.7%,能力等级 2 占 3.8%,能力等级 3 占 0.0%,其能力水平分布情况(百分比)如图 4-4 浅色柱状图所示。

图 4-4　2015 年与 2018 年测评学生的能力水平分布对比

4.2.2.3　平均能力雷达图

考察表 4-1，经计算得八个二级能力指标的平均值分别为 K1 = 22；K2 = 19；K3 = 13；K4 = 8；K5 = 16；K6 = 8；K7 = 6；K8 = 9。由此可计算出一级能力平均得分：

$$KF = (K1+K2)/2 = 20.5 \text{ 分},$$
$$KP = (K3+K4+K5)/3 = 12.3 \text{ 分},$$
$$KG = (K6+K7+K8)/3 = 7.7 \text{ 分},$$

总平均 40.5 分。由此得出 2018 年参加测评学生的平均能力雷达图，如图 4-5（a）所示。

2015 年的测评结果为：K1 = 8.4，K2 = 8.2，K3 = 5.6，K4 = 3.9，K5 = 6.7，K6 = 2.9，K7 = 2.7，K8 = 4.4；KF = 8.3，KP = 5.4，KG = 3.3，总平均为 17.0 分。其平均能力雷达图，如图 4-5（b）所示。

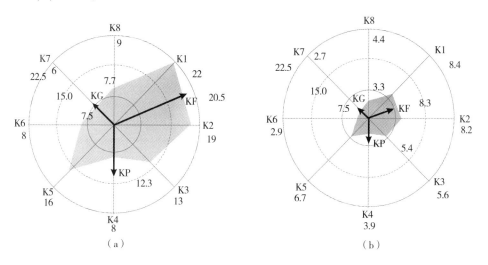

图 4-5　能力轮廓图

（a）2018 年测评结果；（b）2015 年测评结果

K1—直观性；K2—功能性；K3—使用价值导向性；K4—经济性；K5—工作过程导向性；K6—社会接受度；
K7—环保性；K8—创新性；KF—功能性能力；KP—过程性能力；KG—整体设计能力

4.2.2.4 测评结果的几点启示

(1) 从学生的能力水平分布图来看。2015 年的测评结果中，有 63.5%处于名义性能力水平阶段，32.7%达到功能性能力水平，3.8%达到过程性能力水平，无人达到整体设计能力水平。超过 60%的学生仍处于名义性能力水平阶段，必须引起关注和认真分析改进。

(2) 从职业能力雷达图来看。2015 年的测评结果中，功能性能力得分高于过程性能力，而整体设计能力最低；从 8 个二级指标来看，参评学生们在直观性、功能性和工作过程导向性方面相对较好，而在经济性、社会接受度和环保性方面还需进一步提高。

(3) 2018 年的测评结果表明：在 2015 年测评诊断、发现问题后，经过三年的改进，教学质量取得较大进步，毕业生的综合职业能力有了明显提升，教学诊断与改进效果显著。

4.2.3 从测评结果寻找原因

教学质量通过课程教学、课程反馈、课程诊断三个阶段生成，每个阶段都有其影响因素，结合现有状态分析，挖掘影响质量的主要因素是实现精准诊改的关键，是保障教学质量和诊改成效的前提。2015 年测评结果提醒我们，必须关注学生的综合职业能力培养，为准确提出具体的改进措施，我们开始从测评结果寻找根源。

4.2.3.1 学生的学习动力不足

高职院校生源主要有以下三种类型，第一类是应届高考成绩相对较低的学生；第二类是中职、技校、职高升学的学生，即所谓的对口学生；第三类是单招的学生，也就是由高职院校自主命题、自主考试、自主评卷、自主录取的高中毕业生。三种类招生中，单招考试的难度相比普通高考要低，很多文化基础弱的学生可通过单招顺利进入高职院校就读。这三类学生的学习习惯和学习能力存在很大差异，基础参差不齐，总的来说综合素质相对较低，学习动力不足，理论学习能力较弱，没有良好的学习习惯，这三类学生混合编班一起教学，在教学活动中存在许多问题。比如，课堂纪律性较差，甚至由于学生的基础相差较大使教学内容趋向偏浅，难以高质高效地开展教学。尽管高职院校推行项目化、模块化、理实一体化等教学改革，不再是填鸭式教学，但仍然很难达到良好的教学效果。因此，高职院校的教学质量随着招生规模的不断扩大而直接受到影响。

4.2.3.2 教师的实践能力欠缺

很多高职院校教师都是从学校毕业直接到学校做老师，缺乏生产实践经验，自己对教学内容的领悟不透，造成教学内容难以联系实际，只能枯燥无味地照本宣科，导致学生的学习更为艰难；虽然有部分教师曾经在企业工作过，有丰富的实践经验，但这类教师往往存在教学思路不清晰的缺陷；还有一部分教师是从企业聘请的实践经验丰富的兼职教师，他们只能用业余时间上课,教学时间常常难以保证,他们在学校也很难产生归属感和成就感,故而工作的责任心不足,学校开展教学管理也不便,此外兼职教师没有接受过正规和系统的专业教学方法训练,也会出现无法将自身的知识和经验很好地表达并传递给学生的情况。因此,在教师紧缺、师资队伍的教学水平参差不齐的背景下,教学质量的提升和改善程度是非常有限的。

4.2.3.3 课程教学资源欠缺

目前,大多数学校按照"主动适应、服务发展"的原则设置专业,但是也有不少的学校追求时髦,在自身条件差距较大的情况下盲目增设一些新潮或者紧缺的专业,导致存在教学资源明显欠缺,突出表现在专业设置和开设课程没有完全配套,甚至有些课程只能用很久之前就设置好的课程来代替,无法满足新技术的需求;甚至有的教师队伍中都还没有相关专业毕业的老师,原有的老师也只能仓促上阵,导致专业课程的教学效果大打折扣;实训设施也无法满足需求,教学经费相对投入不足,设备陈旧简陋、台套数不足,学生的实训环节无法保障,通常实训效果较差。

4.3 问卷调查

4.3.1 调查问卷设计

为准确摸清具体教学内容的改进目标，在进行职业能力测评的基础上，我们还对毕业生、毕业多年的学生和用人单位发出了相应的教学质量调查问卷，实施基于职业能力培养的教学质量问卷调查。

4.3.1.1 面向毕业班学生的问卷

这里所说的毕业班学生，是指毕业前3个月或毕业后半年内的学生。

调查问题（单选题，35条）包括：专业培养目标、课程教学目标、课程学习满足程度、对本专业了解和喜爱程度、理论/实践教学时间的比例、实验实训教学项目数量、教学设备数量、对理论/实践课的态度、对6门专业核心课程和4门专业拓展课程教学满意度、对任课教师评价、对教学总质量评价、对师生关系评价、对专业及学校的总评价等。

4.3.1.2 面向毕业多年学生的问卷

这是主要面向本校已毕业3~8年的学生的问卷。内容涉及：职称、工作年限、从业范围、最有用的通识知识、最有用的专业基础知识、最有用的专业知识、最有用的专业拓展知识、最重要的专业基本能力、最重要的专业核心能力、最重要的基本素质、最重要的职业素质、认为好且便于自己接受的教学方法、理论和实践哪个更重要、最重要的素质、在母校读书这几年对您现在工作的影响、刚毕业的学生最缺乏什么、刚毕业的学生应该追求什么、在校的3年您的感觉、所学专业就业状况如何、如果重新选择您会怎么选等。最后，针对学校、专业教学及各方面请提出您的宝贵意见。

4.3.1.3 面向用人单位的问卷

这里主要是面向本校的学生最近几年有岗位实习或就业的企事业单位，内容涉及：单位名称、单位性质、我校毕业生在该单位工作时间跨度、专业对口情况、所学专业适应工作需要情况、具备了哪些方面的专业能力、应加强哪方面的专业能力、作为一名机电专业的毕业生必须具备哪些能力、对机电专业的毕业生有何建议等。

4.3.2 调查结果的呈现与分析

2018 年,我们对机电一体化技术专业进行过人才培养方案与质量问卷调研,并根据调查结果对专业人才培养方案和教学改革提出改进意见。

4.3.2.1 临毕业的学生调查结果呈现与分析

调查结果详见表 4-2~表 4-5。

表 4-2 机电一体化技术专业临毕业(2015 级)学生对专业的总体评价

题目	评价情况				图形表达
	A 满意	B 较好	C 一般	D 不满意	
本专业的培养目标明确、具体、符合社会需求	48	92	50	8	
专业课程教学目标清晰	49	82	63	4	
专业课程的学习满足你对专业学习的需求	44	89	59	6	
你对本专业了解和喜爱的程度	42	77	73	6	
课程的理论教学和实践教学时间的比例合理	45	86	58	9	
实验实训教学项目数量合适	55	79	59	5	
实验实训教学设备数量满意	60	74	58	6	
比起理论性课程你更喜欢操作性课程	87	76	33	2	
不开设理论课程只开设操作性课程	39	64	56	39	

表4-3 机电一体化技术专业临毕业（2015级）学生对专业核心课程与拓展课程的教学满意度

2.1 对专业核心课程的教学满意度（198人）

题目	评价情况				图形表达
	A 满意	B 较好	C 一般	D 不满意	
你对核心课程"PLC原理及应用"课程教学的满意度	45	64	61	28	
你对核心课程"液压与气动技术应用"课程教学的满意度	47	72	51	28	
你对核心课程"机械制造技术分析与实践"课程教学的满意度	57	85	51	5	
你对核心课程"数控机床操作与维护"课程教学的满意度	65	92	36	5	
你对核心课程"机械装置与零件设计"课程教学的满意度	66	80	48	4	
你对核心课程"机电设备安装与维护"课程教学的满意度	67	82	39	10	

2.2 对专业拓展课程的教学满意度

题目	评价情况				图形表达	题目	评价情况				图形表达
	A 满意	B 较好	C 一般	D 不满意			A 满意	B 较好	C 一般	D 不满意	
对专业拓展课"机床数控系统检修与调试"课程教学的满意度（好评率90.56%）	33	15	5	0	机床数控系统检修与调试（选修53） 满意62.27% 较好28.30% 一般9.43% 不满意0.00%	对专业拓展课"自动化生产线安装与调试"课程教学的满意度（好评率80.39%）	15	26	9	1	自动化生产线安装与调试（选修51） 较好50.98% 满意29.41% 一般17.65% 不满意1.96%
对专业拓展课"柔性制造系统安装与调试"课程教学的满意度（好评率86.27%）	26	18	7	0	柔性制造系统安装与调试（选修51） 满意50.98% 较好35.29% 一般13.73% 不满意0.00%	对专业拓展课"工业机器人安装与调试"课程教学的满意度（好评率90.69%）	22	17	4	0	工业机器人安装与调试（选修43） 满意51.16% 较好39.53% 一般9.31% 不满意0.00%

表 4-4 机电一体化技术专业临毕业（2015级）学生对任课老师的授课质量和课堂表现的评价

题目	A 满意	B 较好	C 一般	D 不满意
专业老师的基础理论和专业技能掌握较好	65	89	40	4
任课教师在课堂教学中做到突出重点，化解难点，讲授熟练，清晰透彻	62	77	51	8
专业课程的教师能指导操作性实训并进行正规示范	70	75	50	3
任课教师及时更新内容，介绍学科新动态、新发展，理论联系实际	61	83	50	4
任课教师课堂教学方法能够引起学生的学习兴趣	49	80	62	7
老师在教学中善于启发学生思维	53	72	64	9
老师正确解答学生提出的疑难问题	74	83	39	2
老师关心学生学习或生活情况	56	79	52	11
课堂上的学习气氛活跃	53	67	68	10

表 4-5 机电一体化技术专业临毕业（2015 级）学生对本专业的总体感觉

题目	A 满意	B 较好	C 一般	D 不满意
你对本专业的学习积极性高	52	85	55	6
你学习本专业的目的是就业	75	69	44	10
与进校时相比，通过三年的学习，你的知识和能力得到提高	51	90	50	7
通过一年的专业学习，你的就业信心十足	45	82	59	12
安排毕业设计的必要性	51	55	60	32
毕业设计的满意程度	43	48	78	29
期待着顶岗实习	73	64	52	9
你对本专业的培养质量满意程度	52	90	47	9
你对学校、专业的满意程度	51	88	51	8
你对本问卷是否满意	85	60	46	7
你对本专业的教师满意程度	79	76	37	6

考察表 4-2~表 4-5，可得到如下小结：

（1）**对机电一体化技术专业的总体评价**。95%以上给出中等以上的评价，好评率达 66%以上，仅在对"专业的了解和喜爱"方面的好评率偏低，约为 60%。

（2）**机电一体化技术专业学生对本专业的总体感觉**。对本专业的总体认可度超过 84%，好感率达 70%以上，仅在"毕业设计"和"毕业顶岗实习"方面的好感偏低，约为 50%。

（3）**对专业核心课程与拓展课程的教学满意度**。对本专业核心课程的认可度达 86%以上，平均好评率为 69.17%；对本专业拓展课程的平均认可度高达 99.50%，平均好评率为 86.98%，其中，"机床数控系统检修与调试"和"工业机器人安装与调试"两门课程的好评率超过 90%。

（4）**对任课老师的授课质量和课堂表现的评价**。对任课老师的授课质量和课堂表现的总体认可度高达 95%以上，各选项的好评率超过 68%，但在"启发思维""引发兴趣"和"活跃氛围"方面的好评率略偏低，仅略高于 60%。

4.3.2.2 已毕业参加工作的学生调查结果呈现与分析

受访人员情况：参加工作 1 年以内占 25.14%，2~5 年占 49.14%，5~10 年占 15.14%，

10~15年占10.58%；从事机械行业工作的占50.28%，从事电力行业工作的占12.57%，从事其他行业工作的占37.15%。

调查结果详见表4-6~表4-10。

表4-6 机电一体化技术专业已毕业的学生刚毕业和在校学习的总体感觉

序号	题目	回复情况
1	刚毕业的学生最缺乏的是	吃苦耐劳的精神97；理论知识10；实践能力110；对自己定位的信心和胆量133
2	刚毕业的学生应该追求	高工资11；工作稳定17；四处闯荡9；能学到更多东西313
3	在校3年你的感觉	没学到东西39；充实，有意义97；基本达到目的100；还没学够114
4	在校几年对工作的影响	无用4；作用不大111；有用235
5	所学专业就业情况	困难19；有发展前景118；工作面窄56；过得去157
6	如果让你重新选择	复读187；直接就业55；还是读高职108

图形表达	1	2	3
	您认为刚毕业的学生最缺乏什么(350) 实践能力31.43%；对自己定位的信心和胆量38.00%；理论知识2.86%；吃苦耐劳的精神27.71%	您认为刚毕业的学生应该追求什么(350) 四处闯荡2.57%；高工资3.14%；工作稳定4.86%；能学到更多东西89.43%	在校三年您的感觉是?(350) 没学到东西11.14%；还没学够32.75%；基本达到目的28.40%；充实有意义27.71%
	4	5	6
	您认为在母校读书这三年对您现在工作的影响(350) 无用1.15%；作用不大31.71%；有用67.14%	您所学专业就业状况如何?(350) 过得去44.86%；困难5.43%；有发展前途33.71%；工作面窄16.00%	如果让你重新选择，你会如何?(350) 直接就业15.71%；还是读高职30.86%；复读，重新高考53.43%

表4-7 机电一体化技术专业已毕业的学生对教学方法和理实关系的感觉

序号	题目	回答情况		图形表达	序号	题目	回答情况		图形表达
1	好的教学方法	填鸭式	1	你认为好的便于你自己接受的教学方法是?（350） 案例分析5.71%；讨论式2.29%；多种方式的组合40.57%；项目式(边学边做)51.14%；填鸭式0.29%	2	理论和实践哪个更重要	理论	3	您认为理论和实践哪个更重要?（350） 理论0.86%；实践16.57%；理论和实践都很重要82.57%
		讨论式	8				实践	58	
		项目式（边做边学）	179				理论和实践都很重要	289	
		案例分析	20						
		多种方式的结合	142						

表 4-8　机电一体化技术专业已毕业的学生对专业能力的感觉

序号	题目	答案选项	选择情况	图形表达	序号	题目	答案选项	选择情况	图形表达
1	最重要的专业基本能力	制图与识图能力	100	您认为最重要的专业基本能力？(350) 机械设计能力10.86%；电气设备安装能力37.14%；CAD绘图能力23.43%；制图与识图能力28.57%	2	最重要的专业核心能力	机械加工能力	34	您认为最重要的专业核心能力？(350) 数控机床操作能力8.00%；设备管理维修能力52.57%；设备安装调试能力29.72%；机械加工能力9.71%
		CAD绘图能力	82				设备安装调试能力	104	
		机械设计能力	38				数控机床操作能力	28	
		电气设备安装能力	130				设备管理维修能力	184	

表 4-9　机电一体化技术专业已毕业的学生感觉对工作最重要的素质

序号	题目	回复情况
1	工作中最重要的素质是	专业素质 109；社交素质 156；创新素质 85
2	最重要的基本素质	人文素质 107；心理健康 49；身体健康 73；人生态度 121
3	最重要的职业素质	责任心 252；事业心 16；协作精神 32；爱岗敬业 50

图形表达	1	2	3
	您认为在工作中最重要的素质是什么？(350人) 社交素质44.57%；创新素质24.29%；专业素质31.14%	您认为最重要的基本素质是？(350人) 人文素质30.57%；人生态度34.57%；心理健康14.00%；身体健康20.86%	您认为最重要的职业素质是？(350人) 爱岗敬业14.29%；协作精神9.14%；事业心4.57%；责任心72.00%

表 4-10　机电一体化技术专业已毕业的学生感觉最有用的课程

序号	题目	答案选项	选择情况	图形表达	序号	题目	答案选项	选择情况	图形表达
1	最有用的通识课程	英语	74	您认为最重要的通用知识是？(350人) 政治6.86%；体育3.71%；数学7.43%；英语21.14%；计算机基础60.86%	2	最有用的专业基础知识课程	机械制图	70	您认为最有用的专业基础知识是？(350人) 机械装置与零件设计8.86%；机械基础14.00%；机械制图20.00%；电工电子技术57.14%
		数学	26				机械基础	49	
		政治	24				机械装置与零件设计	31	
		计算机文化基础	213				电工电子技术	200	
		体育	13						

续表

序号	题目	答案选项	选择情况	图形表达	序号	题目	答案选项	选择情况	图形表达
3	最有用的专业知识课程	机械制造技术分析与实践	62	您认为最有用的专业知识是？(350人) 机床电气控制12.28% 数控机床操作与维护8.29% 液压与气动技术应用5.43% 机械制造技术分析与实践17.71% PLC原理及应用56.29%	4	最有用的专业拓展知识课程	CAM软件应用	92	您认为最有用的专业拓展知识是？(350人) 单片机原理及应用25.14% 冲压模具设计4.57% CAM软件应用26.29% 光机电一体化技术应用44.00%
		液压与气动技术应用	19				单片机原理及应用	88	
		数控机床操作与维护	29				冲压模具设计	16	
		机床电气控制	43				光机电一体化技术应用	154	
		PLC原理及应用	197						

考察表 4-6~表 4-10，可得到如下小结：

(1) 刚毕业的学生最缺的和应该追求的。对自我定位的信心和胆量、吃苦耐劳的精神、实践能力，近 89.43% 认为最应该追求"能学到更多东西"。

(2) 在校学习的总体感觉。大多数认可在校学习的作用，只有 11.14% 觉得没学到东西，1.15% 觉得对工作毫无作用，78.57% 觉得所学专业好就业或过得去。

(3) 教学方法和能力的总体感觉。项目式教学方法和多种方式结合的教学方法的认可度分别为 51.15% 和 40.57%，这两种教学方法的认可度共占了 91.67%；82.57% 认为理论和实践都很重要，最重要的两项专业基本能力是电气设备安装能力和制图与识图能力，最重要的专业核心能力是设备管理维修能力和设备安装调试能力。

(4) 最重要的素质。44.57% 认为工作中最重要的素质首先是社交素质，其次是专业素质（31.14%）；34.57% 认为最重要的基本素质是人生态度，再次是人文素质（30.57%）；72% 认为最重要的职业素质是责任心，最后是爱岗敬业（14.29%）。

(5) 最有用的课程。60.86% 认为最有用的通识课程是计算机文化基础，其次是英语；57.14% 认为最有用的专业基础知识课程是电工电子技术和机械制图；56.29% 认为最有用的专业知识课程是 PLC 原理及应用，其次是机械制造技术和机床电气控制；44% 认为最有用的专业拓展知识课程是光机电一体化，其次是 CAM 软件应用和单片机原理及应用。

4.3.2.3 面向用人单位的调查结果呈现与分析

调查结果详见表 4-11~表 4-13。

表 4-11 受访用人单位性质及近 3 年对机电一体化技术专业高职人才需求情况

序号	题目	回复情况
1	近 3 年内对该专业高职人才需求人数	1~3 人 1；4~6 人 3；6~10 人 8；更多人 18
2	近 3 年内对高职人才需求量变化趋势	上升 29；下降 0；无变化 1
3	近 3 年对高职人才提供薪酬标准	1 000 元以下 0；1 000~2 000 元 4；更多薪酬 26
图形表达	1 近3年内对高职层次毕业生的需求(30家)：1~3人 3.33%，4~6人 10.00%，6~10人 26.67%，更多人 60.00%	2 近3年内对高职层次毕业生的需求量变化趋势(30家)：下降 0.00%，无变化 3.33%，上升 96.67%
	3 近3年内对高职层次毕业生提供的薪酬标准(14家)：1 000元以下 0.00%，1 000~2 000元 13.33%，2 000元以上 86.67%	

表 4-12 受访用人单位给机电一体化技术专业高职人才提供的岗位及认为最应具备的能力

题目	序号	答案选项	回复情况	图形表达
能为该专业学生提供哪些类型的工作岗位（多选）	1	技术助理	14	能为该专业毕业生提供哪些类型的工作岗位(可多选, 30家)：技术助理 14；设备操作员 21；设备检修员 27；资料员 6；营销员 5；质检员 12；工艺员 15。其他：项目管理，设备管理，生产助理，设备调校，基层管理，专职技术员，工段长，车间主任，生产调度
	2	设备操作员	21	
	3	设备检修员	27	
	4	资料员	6	
	5	营销员	5	
	6	质检员	12	
	7	工艺员	15	
		其他：项目管理，设备管理，生产助理，设备调校，基层管理，专职技术员，工段长，车间主任，生产调度		
企业认为该专业的学生最应具备的能力	8	识读和测绘工程图能力	21	企业认为该专业的学生最应具备的能力(可多选,30家)：识读和测绘工程图能力 21；生产组织能力 19；设备维护能力 30；工艺规程编写能力 21；设备操作能力 30；获相关信息资料的能力 16；专业软件应用能力 16；技术开发能力 17。其他能力：创新创业，文笔功底，设备异常判断，计算机办公软件应用，简单英语学习
	9	生产组织能力	19	
	10	设备维护的能力	30	
	11	工艺规程编写能力	21	
	12	设备操作能力	30	
	13	获相关信息资料能力	16	
	14	专业软件应用能力	16	
	15	技术开发能力	17	
		其他能力：创新创业，文笔功底，设备异常判断，计算机办公软件应用，简单英语学习		

表 4-13　企业认为机电一体化技术专业学生最需学习的课程

题目	序号	答案选项	回复情况
企业认为机电一体化技术专业学生需学习的课程	1	机械制图	16
	2	机械基础	25
	3	机械设计基础	18
	4	公差测量	16
	5	机械CAD应用	21
	6	机械制造技术	19
	7	液压与气动技术	21
	8	生产过程管理	22
	9	机床夹具设计	11
	10	数控技术	18
	11	机电设备安装与维护	8
	12	工业机器人安装与调试	10
	13	工业自动化应用技术	20
	14	单片机原理及应用	6
	15	PLC原理及应用	2
	16	电机控制系统安装与调试	21
		其他：UG，成本管理，IE工程，电子表格，PPT，电路分析，模拟电路	

考察表 4-11～表 4-13，可得到如下小结：

（1）**最靠前的 3 项岗位需求**。设备检修员、设备操作员、工艺员，紧接着的是技术助理和质检员。

（2）**最靠前的 3 项能力需求**。设备维护的能力/设备操作的能力、识读和测绘工程图的能力/工艺规程编写能力，紧接着是生产组织能力。

（3）**最需要学习的前 5 门课程**。机械基础、生产过程管理、机械 CAD 应用、液压与气动技术、电机控制系统安装与调试，紧接着的是工业自动化应用技术、机械制造技术、机械设计基础等。

4.4　教学质量诊断与改进策略

在多个职业院校开展的职业能力测评中发现一些共同存在的、较为重要的问题，需要引起注意。一是，几乎 60%的参评学生的职业能力水平处于名义能力水平阶段，只有大约 30%的学生达到功能性能力水平，没有学生达到设计能力水平，职业能力水平分布情况差异较大，这就说明职业教育教学的目标和教学方法，还有学生的接受能力等存在偏差，这需要引起学校和老师们的重视。二是，学生的工作（测评）自信心都不高，主要原因与学生所处的社会环境有关。职业院校学生多是基础教育的"失意者"，"失意"的阴影始终影响着学生的生活和学习；还有学校日常教学、课堂测验和考试的内容与职业工作的内容相关度不高，所以学生形成了固定的答题模式，对能力测评提出的问题无所适从，表现在学生的分析能力、独立工作能力欠缺。而对于在学校和企业实习实训中满意度越高的学生，其职业能力水平越高，这说明良好的实践教学对职业能力的养成有较好的效果。针对存在的问题，需要寻找对应的改进策略。

4.4.1　基于2015年测评和教学质量问卷调查结果的改进策略

4.4.1.1　全面修订人才培养方案

2015 年测评结果显示，63.5%的学生处于名义能力水平层面。表明这部分学生仅仅能够用口头语描述一件事情，缺乏策划、管理、组织的思路，表达能力、工作思路、工作过程缺乏专业化，这就说明学生的专业基础薄弱、专业技术表达和应用较差、职业规范更为欠缺，从中可以明确"机械基础""机电设备维修""生产管理与策划""生产实训""设备管理"等课程的教学严重不足，需要大力度改进。

调研结果表明，多数学生感觉最有用的专业知识包含"PLC 原理及应用""电工电子技术""机电一体化技术"。对前两项对应开出的课程均为 66 学时，偏少，建议增加课时；对后一项没有开设对应课程，建议增设"机电一体化技术应用"课程。

从能力测评结果发现学生的专业技术应用能力和岗位能力欠缺，也就是学生学到的东西少，能够应用的更少。为适应现代企业对高职人才的需求，根据教学质量存在的问题及人才缺陷，修订人才培养方案，在课程体系中增设综合素质培养、生产管理、创新能力培养的课程，如"机电一体化技术应用""生产务实""精益生产""创新创业实践"等课程，加重专业知识应用与能力训练的教学比例，形成创新型技术技能人才培养模式。针对学生的职业基本素质培养十分欠缺的现状，基于专业基础课程的教学，从提升学生的职业素质着手，可开设"精益生产实训""专业基本能力训练"等课程，开发贴近生产实际的《精益生产实训指导教程》，有效地增强专业能力的培养。

4.4.1.2 建设课程质量保证体系

调查结果显示，虽然大多专业课程已按项目化的理念组织教学，但是，缺乏系统化，结合实际生产并按工作过程系统化教学的教学项目不多。下一步需要加强校企合作、产教融合，大力推进教学项目的工作过程系统化建设。尤其是对教学满意度偏低的"液压传动与气动技术应用"和"PLC原理及应用"两门专业核心课程，要从师资队伍、教材和实训设备等方面全方位建设，力争用三年时间使教学认可率超过70%。

从能力测评结果发现核心课程的教学效果和目标达成度不高。因此，要清晰明了地在课程标准中描述教学目标，使课程教学目标指向明确，并与职业标准对接，任课教师明确"为什么教"，学生清楚"为什么学"；课程内容要紧跟行业企业的需求和技术发展，随着产业结构的不断转型升级，调整课程内容和技能培养目标；课程内容以模块划分，对教学场地、教学设备、教学手段与方法有详细而准确的建议，针对性强；对人才培养质量有量化和规范的考核方法和指标。

在课程标准中要依据课程目标明确给出学生在每个知识点（技能点）的能力达成度，利用网络教学平台等教学管理软件，课前教师设计教学模块、教学任务、学习热点等，通过网络向学生推送任务和学习资源，课中通过签到功能、抢答功能摇号选人回答问题功能来检查学生的学习情况，营造活跃的课堂气氛，为课堂教学创设良好的学习情境，有效地互动交流，做到人人关注，提高课程教学的效率；课后通过互动交流模块布置作业、提交作业、批改作业、开展辅导答疑和课堂测验等，解决学生课外学习的困难。网络教学平台有效关注课程教学的每一个环节，教学过程和课程结束可以很方便、快捷地完成学生能力达成度和学生参与度测评，并形成数据分析报表，为教学质量诊断和教学改革提供依据。

通过学校教学诊改工作信息化平台，实现诊改任务的及时发送、及时处理和实时监督，加强过程控制和指导，并将教学质量评价、改进和考核常态化。

4.4.2 基于2018年能力测评和问卷调查结果的改进策略

总体上2018年的测评结果表明，在2015年测评诊断、发现问题后，经过三年的改进，教学质量取得较大进步，毕业生的综合职业能力有了明显提升，高层次能力从2015年的3.8%增长为2018年的85%，教学诊断与改进效果显著。

4.4.2.1 从能力水平分布情况看诊改效果

能力水平分布情况如图4-4所示。

（1）能力等级0：2015年测评结果占63.5%，2018年测评结果占0.0%；

（2）能力等级1：2015年测评结果占32.5%，2018年测评结果占15.0%；

（3）能力等级 2：2015 年测评结果占 3.8%，2018 年测评结果占 67.5%；

（4）能力等级 3：2015 年测评结果占 0.0%，2018 年测评结果占 17.5%。

高层次能力从 2015 年的 3.8% 提升为 2018 年的 85%，效果显著。

4.4.2.2　从平均能力雷达图看诊改效果

平均能力雷达图如图 4-5 所示。

（1）功能性能力 KF：2015 年测评结果得 8.3 分，2018 年测评结果得 20.5 分；

（2）过程性能力 KP：2015 年测评结果得 5.4 分，2018 年测评结果得 12.3 分；

（3）整体设计能力 KG：2015 年测评结果得 3.3 分，2018 年测评结果得 7.7 分；

（4）总平均能力得分：2015 年测评结果得 17 分，2018 年测评结果得 40.5 分；

（5）原来偏低的三个模块的能力：经济性能力 K4 = 3.9 分、社会接受度能力 K6 = 2.9 分、环保性能力 K7 = 2.7 分，分别提升为 8 分、8 分、6 分；

（6）原来教学满意度偏低的"液压传动与气动技术应用"和"PLC 原理及应用"两门专业核心课程，认可度超过 85%，满意度达到 60%。

2015 年测评的平均能力 KF = 8.3 ≤ 11.3 且 KP+KG = 5.4+3.3 = 8.7 ≤ 9，整体平均能力锁定在名义性能力，处于最低层次水平；2018 年的平均能力 KF = 20.5 ≥ 11.3，且 KG = 7.7 ≤ 11.3，整体平均能力锁定在过程性能力，处于较高层次水平。

从以上 2015 年和 2018 年的教学成果对比可以看出，使用能力测评和问卷调查这一组合工具制定一系列改进措施以来，通过三年的努力，各方面有了显著的提升，这也证明了我们采取的一系列改革措施是正确和有效的。因此，2018 年以后，我们更加坚定地执行这一教学质量诊断和改进方针，并经过近三年的努力，基本形成了"基于 COMET 的高职机电类专业诊断与改进机制"。

通过引进消化 COMET 测评方法，给教学诊断提供了行之有效的工具。其次是问卷调查，一方面从用人单位的视角反思教学质量，另一方面从学生的视角看教学质量，给教学改进提供操作性强的参考依据。可以说，能力测评和问卷调查这一组合工具，给教学诊断与改进提供了操作性强的手段和依据。以工作过程为导向，基于 COMET 职业能力测评开展实践性教学，是实践课程教学中最具挑战性的改革，需要教师自身具有丰富的实践经验和综合的职业能力，这对教师的成长将起到巨大的推动作用；通过有针对性地训练学生的综合能力和素质，将给学生职业能力的培养带来质的飞跃。

4.5 职业能力测评的效果达成

职业能力测评的最终目标就是提升学生的职业能力和就业能力。职业能力的形成过程要求学生不仅要专注专业知识的学习，更需要其他各方面的能力锻炼和加强，以增强在职场中的竞争力；作为教师，明确教学的问题所在，才能对症下药，达到事半功倍的效果；对于学校管理层，依据科学的评价方式，才能准确地把握教学质量和教学改革发展方向，从而促进人才培养模式和体制机制的改革。

4.5.1 助力于学生的职业发展

职业能力是人们从事某种职业活动所必须具备的、决定职业活动成效和成败的个性化心理和素质特征。对高职学生进行职业能力测评，使学生能够了解社会和企业普遍看重的能力及专业面向的职业岗位对能力的具体要求，做到知己知彼，有助于学生在制订学习计划与发展计划的过程中进行正确定位，明确未来的奋斗目标，确立职业发展方向，扬长避短，充分发挥智力和潜能，有目的地开展各项训练工作，以实现成长理想与目标。

4.5.2 有助于促进教育教学改革

通过学生职业能力测评这一质量监控工具和手段，可了解到培养过程存在的问题和学生能力的不足，从中发现学生职业能力发展的基本规律，给学生的后续学习提供方向和目标，为职业教育实践提供明确的行动指南，帮助职业院校建立科学可行的质量保障体系，为教育教学的持续改进和教学质量提高提供支持，为更好地规范和引导职业院校发展起到积极的作用。

基于教学质量诊断，引导教师尽快实现"教师教转向学生学、教教材转向导生学、研究教法转向研究学法"的转变；基于教学质量改进，开发贴近生产实际的学生职业能力培养方案，开发针对高职机电类专业使用的《专业理论与专业技能导学案》，建设校内专业技能训练基地，学生的专业能力培训实现三年一贯制。制定学生能力标准、综合素质标准、学生职业发展标准及学生能力发展诊改工作方案等，建立学生管理部门育人工作的诊改制度，使学生的专业素质训练、专业技能培养规范有序、可持续发展。

4.5.3 推动质量保证体系的构建

质量是专业生存与发展的生命线。通过教学诊断，认清专业培养质量和办学水平、教学效果，厘清专业建设与教学模式改革的思路，以提高人才培养质量为核心，以学生能力培养为依据，坚持以问题为导向、以服务为宗旨，实时监控和诊断人才培养的全过程，动态调整并持续改进专业人才培养方案，提升培养质量，形成可行的专业建设标准和行之有效的人才培养方案。

课程教学质量是专业人才培养质量的重要组成部分，为了确保课程教学质量，学校要依据专业人才培养模式和培养目标，制定课程诊改制度和诊改标准，开展对课程建设水平和教学质量的诊改，修订课程建设标准，完善课程建设规划和评价体系，使课程建设标准、教学评价体系具有完整性、科学性、先进性和规范性。

4.5.4 有助于合理地评价教学质量

教学质量、教学水平的考核不再依据听课、评课、学生成绩来做片面性的评判，而是利用实实在在的以工作过程为导向的开放性的测试题目开展项目化的考核，以量化数据为评价依据，对职业教育质量进行科学的指导和监控。

结束语

现有的理论和实操考试、技能竞赛、技能培训和技能鉴定考核等评价方式难以全面准确地评价每一个学生的职业能力，也难以对学生智力和能力发展发挥全面促进作用，难以满足新形势对技术技能人才培养和选拔的全面要求。而职业能力测评通过一系列指标体系对学生的职业能力进行测评，是衡量学生学习效果与职业能力的一种较好的工具或评价模式，易于发现学生能力之间的差距和教学中存在的问题，从而促进教育教学方法的改革，提高职业教育的教学质量。因此，职业技能鉴定等传统的对技术技能人才考核评价的方式向"职业能力测评"的方向发展，是一种积极的、可探索和开展研究实践的评价方式。

第 5 章

基于 COMET 的汽车检测与维修技术专业教学诊改案例

5.1 基于职业能力培养的教学改革总框架

教学质量诊断与改进工作的目的是提高学生的综合职业能力，COMET 能力测评技术为教学质量提供了"诊断"工具，COMET 的能力模型也为如何"改进"提供了依据，基于 COMET 职业能力测评技术的综合职业能力培养教学改革总体框架如图 5-1 所示。

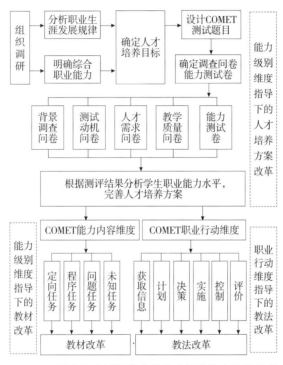

图 5-1 基于 COMET 职业能力测评技术的综合职业能力培养教学改革总体框架

5.1.1 人才培养方案改革

在充分调研的基础上，分析岗位综合能力，汇总职业生涯发展规律对应的岗位，准确定位人才培养目标，提炼出专业核心能力和主流技术，对学生培养的重点不应只是知识和技能，课程体系应加强融合学生的职业认同感、工作过程及工作流程认知、工作责任心建立、职业道德等方面的培养，激发学生的潜能，增强学生适应企业和岗位的能力，最终形成适应综合职业能力培养的人才培养方案。

5.1.2 教材改革

专业人才培养方案确定后,开设的课程及课程内容也就明确了。但这些内容如何通过项目、任务落实到教材中?需要在 COMET 能力内容维度的指导下,结合实际工作岗位,提炼工作任务,根据职业能力发展的基本规律,从易到难循序渐进地安排课程的知识学习范围和典型工作任务,把教材内容根据典型工作任务进行重构,构成适应综合职业能力培养的教材。

5.1.3 教法改革

在 COMET 职业行动维度的指导下,将工作流程与工作情境引入教学,把教学内容分解成若干个工作任务,每个工作任务按照明确任务(获取信息)、计划、决策、实施、控制和评价六个阶段组织课堂教学,并以六个阶段的完成情况作为能力测试评价指标的依据。这一教学方法将更有利于将教学过程转化成完成整个工作任务的过程,在教学中融入知识、技能、素养的培养,在帮助学生建立专业知识体系、培养专业技能的同时,经历企业生产情境的真实体验,搞清楚职业岗位"做什么,如何做,怎样达到合格",由此逐步建立学生的职业责任感。

5.2 职业能力测评的实施及测评结果呈现分析

广西水利电力职业技术学院汽车工程系于 2017 年开始引进 COMET 职业能力培养理念，并针对学生培养方案、过程、质量进行面向毕业学生和用人单位的问卷调查，然后根据调查结果对人才培养方案和教学方法进行了针对性改进。2020 年，为检验教学改革的成效，在汽车类专业开展了 COMET 职业能力测评。测评结果表明，学生职业能力明显提高。下面以汽车检测与维修技术专业（简称"汽检"专业）为例，介绍职业能力测评的实施及测评结果呈现分析的具体实施。

5.2.1 职业能力测评的实施

5.2.1.1 考卷准备

题目参考教育部哲学社会科学研究重大课题攻关项目《中国现代职业教育质量保障体系研究》中的相关测评题目。下面是三道题之一。

测评题目：离合器打滑故障诊断与排除

1）情境描述

张女士最近发现车辆每次起步时感觉离合器踏板抖动厉害，且踩下离合器踏板时伴随"咯塔，咯塔"的异响声。张女士还发现车辆行驶加速过程中，汽车车速对应于发动机转速而言，响应迟钝，跟以前相比同车速下发动机转速高得多（每个挡位都是如此）。

该车是第四代手动挡高尔夫（Golf 4），已行驶 8 年，共计 68 000 公里，日常保养较好。经维修技师检查发动机无故障代码输出，需要进一步试车检验确定故障。另外，客户对迈腾车很感兴趣。

2）任务要求

请你推断该车主有哪些明显的驾驶习惯以及由此造成的后果，并对自己的观点进行全面而细致的说明。

请制定一份完整而详细的解决方案，并对其进行全面而细致的说明。

3）参考资料

回答上述问题时，你可以使用所有的常见教学资料，如维修手册、专业教材、个人笔记等。

5.2.1.2 测评的实施

1) 测评

本次测评因受各种原因影响，不能把学生全部集中一起测评，采用走下去相对集中测评的办法进行，即到某个毕业班学生实习工作相对集中的城市，将在该城市工作毕业班学生集中起来进行测评。具体是到了柳州、广州和深圳三个城市，分时但基本连续地进行测评。

答题前先给学生进行约 15 分钟的培训，强调测评的目的、必要性和具体要求。具体就是要求被测者从如下 8 个方面思考和提出答案：

（1）直观性：要求展示的方案图文并茂，通俗易懂；

（2）功能性：要求所做的方案能解决问题；

（3）使用价值导向性：要求所做的方案值得实施；

（4）经济性：要求关注投入产出和运维费用；

（5）工作过程导向性：要求制定方案按企业工作过程/流程进行；

（6）社会接受度：要求实施过程及成果能被社会接受；

（7）环保性：要求关注节能、环保和废物利用；

（8）创新性：要求所做的方案有意义、有新意。

答题时间 2 小时，答题前的培训所用时间不计算在内。另外，对应教学诊断，除了职业能力测评，还要进行问卷调查，面对学生的问卷调查在网上进行就好了，但是，对于面向用人企业的问卷调查在网上进行效果往往比较差，需要当面调查才能获得较好的效果。因此，我们本次到三个城市测评，同时也走访多个用人企业，进行当面问卷调查。

2) 评分

(1) 专家团队培养。其一，是安排 3 名骨干老师参加 2020 年 9 月，由北京企学研教育科技研究院在北京举办的"COMET 职业能力测评技术培训班"学习。其二，是利用双休日，对参与职业能力测评的主要成员进行为期两天的培训，培训目标环节有：进行教学质量诊改的重要性、职业能力测评的必要性、COMET 能力模型各个评分点的内涵理解、题目及答卷案例分析、评分实务等。

(2) 评分。开始，先拿出 5 份答卷分 2 人 1 小组进行试评分，待达成共识、尺度基本统一后再进入正式评分。正式评分时，一是要严格执行 40 个评分点中的每一个点的两人评分差不得超过 1 分的规定，否则就要协商至满足规定为止；二是要求评分者间信度达到良好及以上，即 Finn 系数不小于 0.7，否则就要重新评分至满足规定为止。

5.2.2 汽车检测与维修技术专业 2017 级毕业生测评结果分析

5.2.2.1 测评数据汇总

2020 年 11 月，广西水利电力职业技术学院汽车工程系到柳州、广州和深圳三城市开展了为期 5 天的走访调研活动。其中，汽车检测与维修技术专业 2017 级毕业班有 22 名毕业生参加了职业能力测评，答题时间控制在 2 小时内，结果详见表 5-1。

表 5-1　2017 级汽车检测与维修技术专业职业能力测评成绩汇总（2020 年 11 月测）

指标	被测者编号																					
	01	02	03	04	05	06	07	08	09	10	11	12	13	14	15	16	17	18	19	20	21	22
K1	17	15	16	22	22	22	19	18	17	17	18	13	18	16	15	17	25	11	20	13	17	16	6	22
K2	17	16	15	18	20	20	17	16	17	14	18	15	11	16	24	10	20	9	15	12	8	23
K3	12	12	18	19	18	17	12	9	16	13	15	14	14	12	11	8	2	18
K4	5	4	16	21	18	18	12	6	13	5	12	12	11	20	10	2	4	12	0	0	22
K5	7	7	14	20	20	19	18	15	14	7	16	15	20	16	16	7	20	9	4	9	25
K6	2	2	13	15	16	14	14	4	5	15	14	8	0	10	4	8	0	4	18
K7	0	0	0	0	0	0	0	0	10	5	13	0	11	0	5	2	2	21
K8	0	0	14	17	13	0	14	5	8	0	6	11	12	0	14	11	12	4	8	18
KF	17	15.5	15.5	20	21	18	17	17	15.5	18	15.5	13	16.5	24.5	10.5	20	11	16	7	22.5
KP	8	7.7	16	19.7	19	18	17	15	12.3	13.7	17	13.3	14.3	14.3	19.3	9.3	15.7	9	13.7	7.3	3.7	21.7
KG	0.7	0.7	4.3	10.7	11.3	9.3	4.7	9.3	6.3	4.3	5	11	11.7	8.3	15	0	11.7	6.3	7.3	5.3	3.3	19
等级	L1Z	L1Z	L2Z	L2Z	L3Z	L2Z	L2Z	L2Z	L2Z	L2Z	L2Z	L2Z	L3Z	L2Z	L3Z	L2B	L3Z	L1B	L2Z	L1Z	L0Z	L3Z

备注	1. 八项二级能力指标平均成绩：K1 = 17.3, K2 = 16.0, K3 = 13.6, K4 = 12.1, K5 = 15.9, K6 = 9.2, K7 = 3.8, K8 = 9.6。 2. 三个一级能力整体平均成绩：KF = 16.6, KP = 13.9, KG = 7.5, 总分 ΣK = 38；整体平均能力 ΣL = L2，处于过程性能力。 3. 能力水平分布：L0 = 1 人，占 4.5%；L1 = 4 人，占 18.2%；L2 = 12 人，占 54.6%；L3 = 5 人，占 22.7%。 4. 符号中，"Z" 表示该等级不低于 11.25 分，直接定级；"B" 表示该等级低于 11.25 分，需由高一级补充才获得该等级能力。

5.2.2.2　一级能力水平分布

考察表 5-1 可知，2020 年广西水利电力职业技术学院汽车检测与维修技术专业 2017 级毕业生测评结果为：能力等级 0 有 1 人，占 4.5%；能力等级 1 有 4 人，占 18.2%；能力等级 2 有 12 人，占 54.6%；能力等级 3 有 5 人，占 22.7%。由此得能力水平分布情况（百分比）如图 5-2 浅色柱状图所示。另外，2012 年交通系统 6 所交通职院汽车检测与维修技术专业学生整体性职业能力有 15.8% 处于"名义性能力"、50.9% 达到"功能性能力"、32% 达到"过程性能力"、1.2% 达到"整体设计能力"，其能力水平分布情况（百分比）如图 5-2 深色柱状图所示。对比之下，广西水利电力职业技术学院汽车检测与维修技术专业 2017 级毕业生整体性职业能力水平分布趋向较高级别。

5.2.2.3　平均能力雷达图

考察表 5-1，经计算得 8 个二级能力指标的平均值分别为 K1 = 17.3；K2 = 16.0；K3 =

13.6；K4=12.1；K5=15.9；K6=9.2；K7=3.8；K8=9.6。由此可计算出一级能力平均得分：

$$KF=(K1+K2)/2=16.6 \text{ 分},$$
$$KP=(K3+K4+K5)/3=13.9 \text{ 分},$$
$$KG=(K6+K7+K8)/3=7.5 \text{ 分},$$

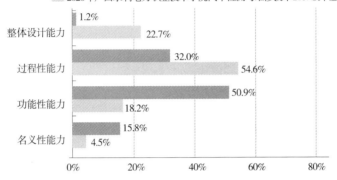

图 5-2　学生能力水平分布对比柱状图

总平均 38 分。于是得参加测评学生的平均能力雷达图，如图 5-3（a）所示。

2012 年交通系统 6 所交通职院汽车检测与维修技术专业学生整体性职业能力平均能力雷达图，如图 5-3（b）所示。

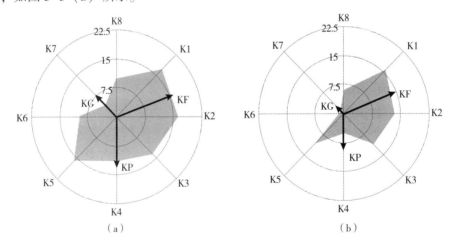

图 5-3　汽车类专业学生整体性职业能力雷达图

(a) 2020 年广西水利电力职业技术学院汽车检测与维修技术专业 2020 年毕业生职业能力；

(b) 2012 年 6 所交通职院汽车检测与维修技术专业学生职业能力

K1—直观性；K2—功能性；K3—使用价值导向性；K4—经济性；K5—工作过程导向性；K6—社会接受度；K7—环保性；K8—创新性；KF—功能性能力；KP—过程性能力；KG—整体设计能力

5.2.2.4　测评结果的几点启示

(1) 从学生的能力水平分布图来看。 2012 年 6 所交通职业技术学院汽车检测与维修技术专业学生整体性职业能力中，高层次能力仅占33.2%；广西水利电力职业技术学院汽车检测与维修技术专业2020年毕业生整体性职业能力中，高层次能力占77.3%，比前者高出一倍多。

（2）**从职业能力雷达图来看**。2012年6所交通职业技术学院汽车检测与维修技术专业参评学生们在直观性、功能性、使用价值导向性和工作过程导向性四个方面相对较好，其余四方面则还需进一步提高；广西水利电力职业技术学院汽修专业2020年毕业生，在诸多方面都有了较大的进步，但在环保性能力方面进步不大，需引起关注。

（3）**2020年的测评结果表明**：2018年后采取的基于综合职业能力培养的一系列教学改革措施在总体方向上是正确的，经过几年的努力，教学质量取得较大进步，毕业生的综合职业能力有了明显提升，教学诊断与改进效果显著。

5.2.3 汽车检测与维修技术专业2018级毕业生测评结果分析

5.2.3.1 测评数据汇总

2022年3月（因受新冠疫情影响，原计划2021年年底进行的职业能力测评只好延到次年3月），广西水利电力职业技术学院汽车工程系在南宁市，对汽车检测与维修技术专业2018级毕业班进行了职业能力测评，有17名学生参加。答题时间控制在2小时内，结果详见表5-2。

表5-2 2018级汽车检测与维修技术专业职业能力测评成绩汇总（2022年3月测）

指标	被测试者编号																	
	01	02	03	04	05	06	07	08	09	10	11	12	13	14	15	16	17	18
K1	26	17	16	24	22	27	14	17	15	17	16	17	12	19	22	19	19	18.7
K2	22	15	12	25	21	23	13	17	18	16	17	17	16	17	22	17	20	18.1
K3	21	13	13	19	17	26	13	15	18	15	15	15	14	15	18	17	21	16.8
K4	23	11	11	17	12	26	11	15	15	13	11	13	13	11	17	12	15	14.7
K5	17	13	12	15	22	26	11	15	15	15	14	15	18	21	17	16.5		
K6	12	8	9	17	18	21	6	8	8	15	11	13	7	6	18	11	16	12.3
K7	21	8	9	17	15	21	8	4	13	12	12	11	12	11	21	15	16	12.8
K8	18	5	8	16	15	24	9	9	13	15	9	13	11	20	15	15	13.6	
KF	24	16	14	24.5	21.5	25	13.5	17	16.5	16.5	16.5	17	14	18	22	18	19.5	18.4
KP	20.3	12.3	12	17	17	26	11.3	15	13.5	17	13.7	15.3	19.3	16.7	18.3	16.0		
KG	17	7	8.7	16.7	16	22	7.7	7	11.3	14.3	11.7	12.7	10.3	9.3	16.7	15.7	15.7	12.9
等级	L3	L2	L2	L3	L3	L3	L2	L2	L3	L3	L2	L3	L2	L3	L3	L3	L3	L3
备注	1. 8项二级能力指标平均成绩：K1 = 18.7，K2 = 18.1，K3 = 16.8，K4 = 14.7，K5 = 16.5，K6 = 12.3，K7 = 12.8，K8 = 13.6。 2. 3个一级能力整体平均成绩：KF = 18.4，KP = 16.0，KG = 12.9，总分ΣK = 47.3；整体平均能力ΣL = L3，达到整体设计能力。 3. 能力水平分布：L0 = 0人，占0%；L1 = 0人，占0%；L2 = 6人，占35.3%；L3 = 11人，占64.7%。																	

5.2.3.2 一级能力水平分布

考察表 5-2 可知，2022 年 3 月广西水利电力职业技术学院汽车检测与维修技术专业 2018 级毕业生测评结果为：能力等级 0 有 0 人，占 0.0%；能力等级 1 有 0 人，占 0.0%；能力等级 2 有 6 人，占 35.3%；能力等级 3 有 11 人，占 64.7%。由此得能力水平分布情况（百分比）如图 5-4 深色柱状图所示。对比之下，广西水利电力职业技术学院汽车检测与维修技术专业 2018 级毕业生比 2017 级毕业生整体性职业能力水平分布趋向更高级别。另外，2018 级的测评是在毕业 9 个月后进行的，比 2017 级多实践了 4 个月，这也是前者整体性职业能力水平分布趋向更高级别的原因之一。

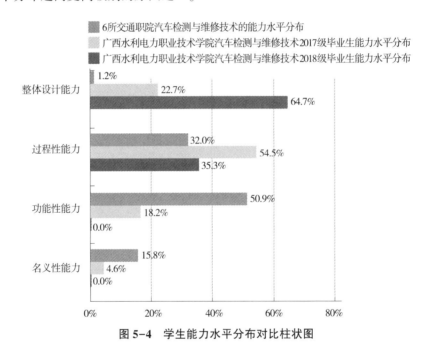

图 5-4 学生能力水平分布对比柱状图

5.2.3.3 平均能力雷达图及各项能力指标比较

考察表 5-2，经计算得 8 个二级能力指标的平均值分别为 $K_1=18.7$；$K_2=18.1$；$K_3=16.8$；$K_4=14.7$；$K_5=16.5$；$K_6=12.3$；$K_7=12.8$；$K_8=13.6$。由此可计算出一级能力平均得分：

$$KF=(K_1+K_2)/2=18.4 \text{ 分},$$
$$KP=(K_3+K_4+K_5)/3=16.0 \text{ 分},$$
$$KG=(K_6+K_7+K_8)/3=12.9 \text{ 分},$$

总平均 47.3 分。于是得参加测评学生的平均能力雷达图，如图 5-5（b）所示。

2017级汽车检测与维修技术专业学生整体性职业能力平均能力雷达图，如图5-5（a）所示。2017/2018级毕业生职业能力各项指标比较柱状图，如图5-5（c）所示。

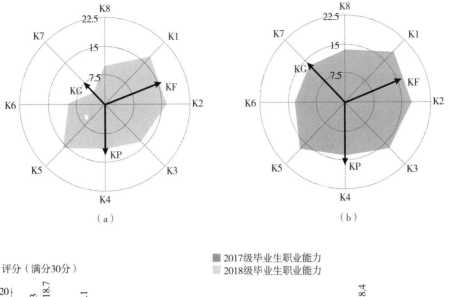

图5-5　广西水利电力职业技术学院汽车检测与维修技术专业学生整体性职业能力比较

（a）2017级毕业生职业能力雷达图；（b）2018级毕业生职业能力雷达图

（c）2017/2018级毕业生职业能力各项指标比较柱状图

K1—直观性；K2—功能性；K3—使用价值导向性；K4—经济性；K5—工作过程导向性；

K6—社会接受度；K7—环保性；K8—创新性；KF—功能性能力；KP—过程性能力；KG—整体设计能力

5.2.3.4　测评结果的几点启示

(1) 从学生的一级能力水平分布图来看。 整体设计能力，2018级为64.7%，是2017级22.7%的近3倍。

(2) 从职业能力雷达图和各项指标比较柱状图来看。 2018级比2017级在各方面均有所增长，在社会接受度、环保性和创新性这三方面增长较多，在环保性方面尤为突出：从 3.8 到 12.8 增长了 336.8%，这表明在 2020 年 11 月测评发现问题后，加强环保意识和创新意识教育的效果是明显的。

（3）2022 年 3 月的测评结果表明：2020 年后采取的基于综合职业能力培养的一系列教学改革措施总体上是正确的，特别在社会接受度、环保性和创新性这三方面的教育做了进一步加强，教学质量取得长足进步，毕业生的综合职业能力有了明显提升，教学诊断与改进效果显著。

5.2.4　问卷调查

主要是对已毕业参加工作的学生、毕业班学生及用人企业发出调查问卷，问卷的内容主要有如下几个方面：

（1）面向毕业班学生的调查问卷。这里的毕业班学生是指离毕业 3 个月以内或已毕业参加工作半年内的学生，调查内容包括：学生对本专业的总体感觉；学生对专业的总体评价；学生对专业核心课程与拓展课程的教学满意度；学生对任课老师的授课质量和课堂表现的评价等。

（2）面向已毕业学生的调查问卷。这里的已毕业学生主要指毕业参加工作 3~8 年的学生，调查内容包括：学生对在校学习的总体感觉；学生对教学方法和理论与实践课关系的总体感觉；学生感觉对工作最有用的专业能力；学生感觉对工作最重要的素质；学生感觉对工作最有用的课程等。

（3）面向用人企业的调查问卷。调查内容包括：近 3 年对本专业高职人才需求情况；给本专业高职人才提供的岗位及本专业高职人才最应具备的能力；我院毕业生在贵企业的工作概况；企业认为我院该专业毕业生具备了哪些方面的专业素质和能力；企业认为我院该专业毕业生需要加强哪些方面的专业素质和能力；企业认为该专业最需学习的五门课程等。

5.2.4.1　面向毕业班学生的调查结果呈现与分析

1）毕业班学生的调查结果呈现

这里的毕业班学生是指离毕业 3 个月以内或已毕业参加工作半年内的学生，调查内容包括：学生对本专业的总体感觉；学生对专业的总体评价；学生对专业核心课程与拓展课程的教学满意度；学生对任课老师的授课质量和课堂表现的评价等。

调查结果见表 5-3~表 5-6。

表5-3 汽车检测与维修技术专业毕业班学生对汽检专业的总体评价

题目	评价情况				图形表达
	A满意	B较好	C一般	D不满意	
本专业的培养目标明确、具体、符合社会需求	79	35	13	1	
专业课程教学目标清晰	85	32	11	0	
专业课程的学习满足你对专业学习的需求	78	32	17	1	
你对本专业了解和喜爱程度	85	26	15	2	
课程的理论教学和实践教学时间的比例合理	81	34	12	1	
实验实训教学项目数量合适	76	36	16	0	
实验实训教学设备数量满意	81	32	15	0	
比起理论性课程你更喜欢操作性课程	87	28	11	2	
对开设理论课程与操作课程比例满意度	85	22	20	1	

表 5-4　汽车检测与维修技术专业大三（2017 级）学生对本专业的总体感觉

题目	评价结果				图形表达
	A 满意	B 较好	C 一般	D 不满意	
你对本专业的学习积极性高	86	35	7	0	
你学习本专业的目的是就业	82	38	7	1	
与进校时相比，通过三年的学习，你的知识和能力得到提高	80	38	10	0	
通过三年的专业学习，你的就业信心十足	81	36	11	0	
有必要安排毕业顶岗实习	80	36	12	0	
毕业顶岗实习的满意程度	84	32	12	0	
顶岗实习的适应性	77	34	17	0	
你对本专业的培养质量满意程度	77	39	12	0	
你对学校、专业的满意程度	84	33	11	0	
你对本问卷是否满意	79	35	14	0	
你对本专业的教师满意程度	82	38	8	0	

表 5-5 汽车检测与维修技术专业大三（2017 级）学生对专业核心课程与拓展课程的教学满意度

题目	评价情况				图形表达
	A 满意	B 较好	C 一般	D 不满意	
你对核心课程"汽车发动机构造与检修"课程教学的满意度	83	31	14	0	
你对核心课程"汽车底盘构造与检修"课程教学的满意度	89	34	5	0	
你对核心课程"汽车电器设备与检修"课程教学的满意度	87	34	7	0	
你对核心课程"汽车发动机电控技术"课程教学的满意度	85	30	13	0	
你对核心课程"汽车底盘电控技术"课程教学的满意度	90	31	7	0	
你对核心课程"汽车故障诊断与排除"课程教学的满意度	86	32	10	0	
专业拓展课"汽车空调"课程教学的满意度	85	31	12	0	
专业拓展课"二手车评估与交易"课程教学的满意度	88	29	11	0	
专业拓展课"汽车配件管理"课程教学的满意度	88	29	11	0	
专业拓展课"汽车销售"课程教学的满意度	84	34	10	0	

表 5-6　汽车检测与维修技术专业大三（2017 级）学生对任课老师的授课质量和课堂表现的评价

题目	评价结果				图形表达
	A 满意	B 较好	C 一般	D 不满意	
专业老师的基础理论和专业技能掌握较好	80	37	11	0	
任课教师在课堂教学中做到突出重点，化解难点，讲授熟练，清晰透彻	85	35	8	0	4. 对任课老师的授课质量和课堂表现的评价（128人）
专业课程的教师能指导操作性实训并进行正规示范	84	36	8	0	
任课教师及时更新内容，介绍学科新动态、新发展、理论联系实际	85	34	9	0	
任课教师课堂教学方法能够引起学生的学习兴趣	85	33	10	0	
老师在教学中善于启发学生思维	85	33	10	0	
老师正确解答学生提出的疑难问题	85	34	9	0	
老师关心学生学习或生活情况	83	36	9	0	
课堂上的学习气氛活跃	86	35	7	0	

2）毕业班学生问卷调查小结

有 128 名学生接受网络调研，占该届该专业学生的 67%，2020 年 7 月发出问卷时该届该专业的学生几乎已处于顶岗实习状态。

（1）对汽检专业的总体评价。 几乎 89% 以上给予满意或较好的评价，仅在实训设备方面的好评率略低于 86%。

（2）汽检专业学生对本专业的总体感觉。 在"你学习本专业的目的是就业"和"你对本专业的教师满意程度"的选项好评率高达 94%，几乎 85% 以上给以满意或较好的评价，仅在"毕业顶岗实习的满意程度"选项的好评率略低于 91%。

（3）对专业核心课程与拓展课程的教学满意度。 几乎 89% 以上给予满意或较好的评价。

(4) 对任课老师的授课质量和课堂表现的评价。 在"专业老师的基础理论和专业技能掌握较好"和"老师正确解答学生提出的疑难问题"的选项好评率高达92%，几乎85%以上给予满意或较好的评价。

5.2.4.2 已毕业参加工作学生调查结果呈现与分析

1) 已毕业参加工作学生调查结果呈现

这里所说的已毕业参加工作学生，是指已经毕业并且参加工作3~8年的学生。调查内容包括：学生对在校学习的总体感觉，学生对教学方法和理实关系的总体感觉，学生感觉对工作最有用的专业能力，学生感觉对工作最重要的素质，学生感觉对工作最有用的课程等。

调查结果如表5-7~表5-11所示。

表5-7 汽车检测与维修技术专业毕业生刚毕业和在校学习的总体感觉

序号	题目	回复情况
1	刚毕业的学生最缺乏的是	吃苦耐劳的精神29；理论知识0；实践能力27；对自己定位的信心和胆量23
2	刚毕业的学生应该追求	高工资15；舒适工作环境10；吃苦耐劳学东西54
3	在校3年你的感觉	充实有意义48；基本达到目的23；没学到东西8
4	在校几年对工作的影响	无用2；作用不大18；有用59
5	所学专业就业情况	其他12；有发展前景32；工作面窄12；过得去23
6	如果让你重新选择	复读21；直接就业33；还是读高职25
图形表达	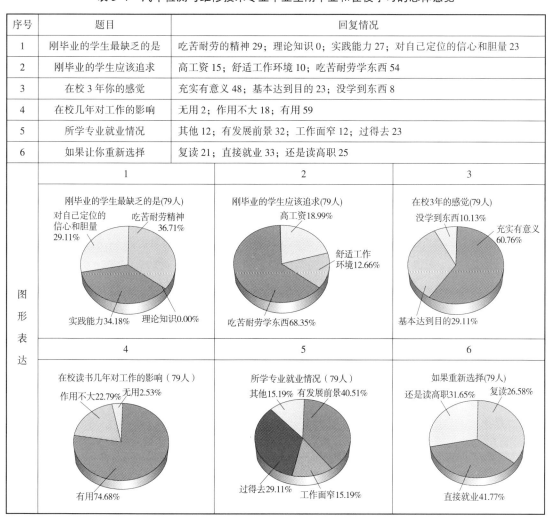	

表 5-8 汽车检测与维修技术专业已毕业的学生对教学方法和理实关系的总体感觉

题目	答案选项	选择情况	图形表达	题目	答案选项	选择情况	图形表达
好的教学方法	讲授式	0	好的教学方法（79人）讲授式0.00% 讨论式5.06% 项目式（边做边学）27.85% 案例分析10.13% 多种方式的结合56.96%	理论和实践哪个更重要	理论	1	哪个更重要（79人）理论1.27% 实践8.86% 理论和实践都很重要89.87%
	讨论式	4			实践	7	
	项目式（边做边学）	22			理论和实践都很重要	71	
	案例分析	8					
	多种方式的结合	45					

表 5-9 汽车检测与维修技术专业已毕业的学生感觉最重要的专业能力

题目	答案选项	选择情况	图形表达	题目	答案选项	选择情况	图形表达
最重要的专业基本能力（多选）	制图与识图能力	42	最重要的专业基本能力（79人，多选）电工电子检测能力27.73% 制图与识图能力19.09% 汽车材料识别能力24.09% 汽车机械认识能力29.09%	最重要的专业核心能力（多选）	发动机检测维修能力	56	最重要的专业核心能力（79人，多选）汽车综合故障诊断能力30.09% 发动机检测维修能力24.78% 检测设备操作能力22.12% 底盘检测维修能力23.01%
	汽车机械认识能力	64			底盘检测维修能力	52	
	汽车材料识别能力	53			检测设备操作能力	50	
	电工电子检测能力	61			汽车综合故障诊断能力	68	

表 5-10 汽车检测与维修技术专业已毕业的学生感觉最重要的素质（多选题）

序号	题目	回复情况		
1	工作中最重要的素质是	职业素质 79；基本素质 50；职业技能 61；人脉关系 30		
2	最重要的基本素质	人文素质 28；心理健康 8；身体健康 18；人生态度 50		
3	最重要的职业素质	责任心 74；事业心 63；协作精神 65；爱岗敬业 64		
		1	2	3
图形表达		工作中最重要的素质是（79人） 人脉关系 30.00%；职业素质 35.91%；基本素质 22.73%；职业技能 61.00%	最重要的基本素质（79人） 人生态度 48.08%；人文素质 26.92%；心理健康 7.96%；身体健康 17.31%	最重要的职业素质（79人） 爱岗敬业 24.06%；责任心 27.82%；事业心 23.68%；协作精神 24.44%

表 5-11 汽车检测与维修技术专业已毕业的学生感觉最有用的课程（多选题）

题目	答案选项	选择情况	图形表达	题目	答案选项	选择情况	图形表达
最有用的通识知识课程	英语	39	最有用的通识知识（79人） 计算机文化基础 78.48%；英语 49.37%；数学 49.37%；政治 41.77%；体育 41.77%	最有用的专业基础知识课程	机械识图	47	最有用的专业基础知识（79人） 汽车概论 64.56%；机械识图 59.49%；汽车机械基础 67.09%；汽车材料 54.43%；汽车电工电子基础 70.89%
	数学	39			汽车机械基础	53	
	政治	33			汽车材料	43	
	体育	33			汽车电工电子基础	56	
	计算机文化基础	62			汽车概论	51	
最有用的专业知识课程	汽车发动机构造与检修	63	最有用的专业知识（79人） 汽车故障诊断与排除 84.81%；汽车发动机构造与检修 79.75%；汽车发动机电控技术 65.82%；汽车底盘构造与检修 67.09%；汽车底盘电控技术 64.56%；自动变速箱检修 65.82%	最有用的专业拓展知识课程	汽车保险与理赔	61	最有用的专业拓展知识（79人） 汽车专业英语 48.10%；汽车保险与理赔 77.22%；汽车配件管理 54.43%；二手车评估与交易 74.68%；汽车局域网管理 58.23%；汽车空调 53.16%
	汽车发动机电控技术	52			二手车评估与交易	59	
	汽车底盘构造与检修	53			汽车空调	42	
	自动变速箱检修	52			汽车局域网管理	46	
	汽车底盘电控技术	51			汽车配件管理	43	
	汽车故障诊断与排除	67			汽车专业英语	38	

2) 已毕业参加工作学生问卷调查小结

受访人员情况：参加工作 1 年以内占 23%、2~5 年占 72%、5~8 年占 5%；其中，从事汽车行业工作的占 60%，从事其他行业工作的占 40%。

(1) 刚毕业的学生最缺的和应该的。68% 认为刚毕业的学生，追求的应该是坚持吃苦耐劳学东西，而不是高工资或者舒适的工作环境；最缺乏的是吃苦耐劳的精神、对自我定位的信心和胆量、实践能力。

(2) 在校学习的总体感觉。在校 3 年，90% 感觉比较满意或基本达到目的，75% 感觉对工作有用，70% 觉得所学专业好就业或过得去。

(3) 教学方法和能力的总体感觉。85% 认可多种方式结合的教学方法或项目式教学方法，90% 认为理论和实践都很重要；最重要的两项专业基本能力为汽车机械认识能力和电工电子检测能力，最重要的两项专业核心能力为汽车综合故障诊断能力和发动机检测维修能力。

(4) 最重要的素质。61% 认为工作中最重要的素质是职业技能，其次是职业素质、人脉关系；48% 认为最重要的基本素质是人文素质；最重要的职业素质，28% 认为是责任心，其余的爱岗敬业、协作精神和事业心平分秋色。

(5) 最有用的课程。最有用的通识知识课程：计算机文化基础、英语及数学；最有用的专业基础知识课程：汽车电工电子基础、汽车机械基础和汽车概论；最有用的专业知识课程：汽车故障诊断与排除、汽车发动机构造与检修、汽车底盘构造与检修；最有用的专业拓展知识课程：汽车保险与理赔、二手车评估与交易和汽车局域网管理。

5.2.4.3　面向用人单位的调查结果呈现与分析

1) 面向用人单位的调查结果呈现

调查内容包括：近 3 年对本专业高职人才需求情况，给本专业高职人才提供的岗位及本专业高职人才最应具备的能力，企业认为该专业最需学习的五门课程等。

调查结果如表 5-12~表 5-14 所示。

表 5-12 受访用人单位性质及近 3 年对汽车检测与维修技术专业高职人才需求情况

题目	答案选项	选择情况	图形表达	题目	答案选项	选择情况	图形表达
单位性质	个体	10	受访单位性质（23家）：个体43.48%，股份制企业34.78%，三资企业17.39%，国有企业4.35%，机关事业0.00%	近3年内对高职人才需求人数	1~3人	2	近3年对高职人才需求人数（23家）：1~3人8.70%，4~6人8.70%，6~10人8.70%，更多人73.90%
	国有企业	1			4~6人	2	
	机关事业	0			6~10人	2	
	三资企业	4			更多人	17	
	股份制企业	8					
近3年内对高职人才需求量的变化趋势	上升	17	近3年内对高职人才需求量的变化趋势（23家）：上升73.90%，无变化13.05%，不确定13.05%，下降0.00%	近3年对高职人才提供的薪酬标准	1 000元以下	1	近3年对高职人才提供的薪酬标准（23家）：1 000元以下4.35%，1 000~2 000元13.05%，2 000~3 000元8.69%，更多薪酬73.91%
	下降	0			1 000~2 000元	3	
	无变化	3			2 000~3 000元	2	
	不确定	3			更多薪酬	17	

表 5-13 受访用人单位给汽检专业高职人才提供的岗位及汽车检测与维修技术专业高职人才最应具备的能力（多选题）

题目	答案选项	回复情况	图形表达
能为该专业学生提供哪些类型的工作岗位	技术助理	17	企业认为该专业的学生最应具备的三项能力（选3个选项）：良好的职业道德 17；较强的服务意识、责任 20；汽车空调检修能力 4；汽车故障检测与排除能力 7；汽车电器设备维修能力 6；汽车设备仪表使用操作的能力 6；汽车底盘检测与维修能力 6；汽车发动机检测与维修能力 9；汽车零配件识别的能力 8；识读和绘制零件图和装配图的能力 6；汽车维修保养能力 13
	设备操作员	8	
	设备检修员	14	
	资料员	6	
	营销员	18	
	质检员	4	
	工艺员	1	
	其他	9	

续表

题目	答案选项	回复情况	图形表达
企业认为该专业的学生最应具备的三项能力	汽车维修保养能力	13	
	识读和绘制零件图和装配图的能力	6	
	汽车零配件识别的能力	8	
	汽车发动机检测与维修能力	9	
	汽车底盘检测与维修能力	6	
	汽车设备仪表使用操作的能力	6	
	汽车电器设备维修能力	6	
	汽车故障检测与排除能力	7	
	汽车空调检修能力	4	
	较强的服务意识、责任	20	
	良好的职业道德	17	
企业认为该专业学生是否已经具备以上三种能力	是	11	
	否	0	
	只具备一部分	12	

表 5-14 企业认为汽检专业的学生最需学习的五门课程

题目	答案选项	回复情况	图形表达
企业认为该专业学生最需学习的五门课程	机械识图	8	
	汽车机械基础	12	
	汽车材料	2	
	汽车概论	9	
	电工电子	2	
	汽车发动机构造与检修	16	
	汽车发动机电控技术	8	
	汽车底盘构造与检修	10	
	汽车电气与电子技术	7	
	汽车底盘电控技术	5	
	自动变速箱检修	6	
	汽车局域网技术	1	
	汽车故障诊断与排除	14	
	汽车空调	4	
	汽车配件管理	8	
	二手车评估与交易	5	
	汽车销售	9	
	汽车专业英语	0	

2）面向用人单位的调查结果小结

受访企业为股份制企业 8 家、三资企业 4 家、国有企业 1 家和个体企业 10 家，近 3 年对本专业人才需求 10 人以上的占 74%，且都呈上升趋势，74% 的企业给本专业高职层次人才开出的月薪均超过 3 000 元。我院本专业的毕业生基本适应工作需要。此外，企业对学校人才培养补充的建议是：强化责任意识、服务意识、学习意识及加强动手执行能力、识读及绘制零件图和装配图的能力、汽车故障检测与排除能力的训练。对岗位、能力、素质、课程有如下几项结论。

（1）最靠前的 3 项岗位需求。营销员、技术助理、设备检修员等岗位，紧跟着的是设备操作员岗位。

（2）最靠前的 3 项能力需求。较强的服务意识、责任，良好的职业道德，汽车维修保养能力。

（3）最需要学习的前 5 门课程。汽车发动机构造与检修、汽车故障诊断与排除、汽车机械基础、汽车底盘构造与检修、汽车销售/汽车概论，紧跟着的是汽车发动机电控技术/机械识图/汽车配件管理。

5.3 教学质量诊断与改进策略

5.3.1 基于高职汽修专业共性问题的改进策略

5.3.1.1 全面修订人才培养方案

2012年交通系统6所交通职院汽车检测与维修技术专业学生整体性职业能力测评结果显示，15.8%处于"名义性能力"、50.9%达到"功能性能力"、32%达到"过程性能力"、1.2%达到"整体设计能力"，这就说明高职汽车检测与维修技术专业学生的专业基础薄弱、专业技术表达和应用较差、职业规范更为欠缺，毕业生整体性职业能力水平不高，从中可以看出专业基础课程和专业核心课程教学出现了问题，不能满足学生综合职业能力的养成，需要大力度改进。

基于以上的测评结果分析，广西水利电力职业技术学院组织专业负责人、骨干教师到企业以及高职兄弟院校进行专业调研，召开汽车检测与维修技术专业建设委员会研讨专业的规划和发展，根据调研和专业建设委员会研讨结果对2017级的人才培养方案进行修订，在修订2017级的人才培养方案时，增加"汽车机械基础""汽车电工电子基础"和"汽车概论"这三门课的课时量，并注重基础课与专业课相关知识的关联性；同时增加核心课程"汽车发动机构造与检修""汽车故障诊断与排除"和"汽车底盘构造与检修"这三门课程的课时量，并要求这三门核心课程实施教、学、做一体化教学。

从能力测评结果发现2012年交通系统6所交通职院汽车检测与维修技术专业学生的专业技术应用能力和岗位能力欠缺，也就是学生学到的东西少，能够应用的更少。为适应现代企业对高职人才的需求，根据教学质量存在的问题及人才缺陷，在课程体系中增设综合素质培养、管理、创新能力培养的课程，如"汽车故障诊断与排除""汽车保险与理赔""二手车评估与交易""创业实训"等课程，加重专业知识的综合应用与能力训练的教学比例，形成创新型技术技能人才培养模式。针对学生的职业基本素质培养十分欠缺的现状，基于专业基础课程的教学，从提升学生的职业素质着手，可开设专业基本能力训练等课程，开设与企业贴近的"汽车总成装配实训"课程，有效地增强专业能力的培养。

5.3.1.2 建设课程质量保证体系

人才培养方案修订后，下一步就是建设课程质量保证体系，课程质量保证体系的关键是师资队伍的培训、培养和教学改革等方式方法，每年都组织专业负责人、骨干教师到企业以及高职兄弟院校进行调研和召开专业建设委员会研讨，坚持按项目化的理念组织教学，结合企业调研的实际生产并将工作过程的典型任务用于驱动教学。进一步加强校企合作、产教融合，大力推进教学项目的工作过程系统化建设。尤其是对核心课程教学的教师进行校内外培训，利用节假日参加汽车4S店的社会实践，提升实践教学能力，了解职业标准，明确企业的需求和技术发展，并及时调整课程教学内容和技能培养目标。同时调整教学场地、教学设备和教学手段与企业的人才需求相匹配，对人才培养质量和规范的考核要有明确的指标。

广西水利电力职业技术学院汽车检测与维修技术专业是与中锐教育集团共同合作办学的专业，双方共同制定课程标准。课程标准依据课程目标明确给出学生在每个知识点（技能点）的能力达成度，利用中锐教育集团的网络教学平台资源、学院在线教学平台的学习通等教学管理软件，企业教师和学院的专任教师共同研讨并设计课前、课中、课后等的教学模块、教学任务、与汽车相关的社会关注热点问题的研讨和课程调查等，通过网络平台向学生推送教学任务和相关的学习资源。课堂教学中营造活跃的课程学习氛围，如利用学习通上的直播、抢答、选人等多种方法，每种教学活动都给予相应的课堂积分，这样能够调动学生的学习积极性和主动性，为课堂教学创设良好的学习情境，有效地互动交流，做到人人关注，提高课程教学的效率；课后发布拓展作业和学习任务，系统自动批改和分析，学生可以随时随地自主学习，教师也可以实时了解和指导学生的学习情况并能够及时进行答疑和调整教学计划。网络教学平台可以监控到每个教学环节，并对未完成学习任务的学生发出预警，提醒学生及时完成学习任务，有效帮助教师了解学生能力达成度和学生参与度，为教学评价形成数据分析报表，为教学质量诊断和教学改革提供了重要的依据。

通过学校教学诊改工作信息化平台，实现诊改任务的及时发送、及时处理和实时监督，加强过程控制和指导，并将教学质量评价、改进和考核常态化。

5.3.2　基于2020年能力测评和问卷调查结果的改进策略

广西水利电力职业技术学院汽车检测与维修技术专业2017级毕业生的职业能力测评结果表明，在诸多方面都有了良好的结果，但在环保性能力方面较为薄弱，后续要重点关注，特别是在课程教学过程当中要注重环保方面的教育，如在"汽车故障诊断与排除""汽车发动机构造与检修""汽车底盘构造与检修""汽车空调"等专业课程和专业拓展课程的教学当中，强调对教学耗材和废弃物的分类处理，如废弃的机油、空调制冷剂要进行集中回收处理，避免造成环境污染，逐渐培养学生的环保和节能意识。

2018级毕业生测评结果与2017级毕业生测评结果对比有：

（1）功能性能力KF：2017级测评结果得16.6分，2018级测评结果得18.4分，增长10.8%；

（2）过程性能力KP：2017级测评结果得13.9分，2018级测评结果得16.0分，增长15.1%；

（3）整体设计能力 KG：2017 级测评结果得 7.5 分，2018 级测评结果得 12.9 分，增长 72%；

（4）总平均能力得分：2017 级测评结果得 38 分，2018 级测评结果得 47.3 分，增长 24.5%；

（5）原来偏低的三个模块的能力：社会接受度能力 K6＝9.2 分、环保性能力 K7＝3.8 分、创新性能力 K8＝9.6，分别提升为 12.3 分（增长 33.7%）、12.8 分（增长 236.8%）、13.6 分（增长 41.7%）。

从以上 2017 级和 2018 级的教学成果对比可以看出，我们采取的一系列改革措施是正确和有效的，我们将更加坚定地执行这一教学质量诊断和改进方针。

第 6 章

COMET 能力测评在教学中的应用案例

6.1 COMET 能力测评在理论教学中的应用

在教育教学过程中，教师经常通过各种考试、考核定期对学习成果和学习的进展情况进行监控，检测是否实现了预定的课程目标或学习目标，或者在多大程度上达到目标。考试、考核的标准是课程标准，依赖的是一份试卷，在理想状态下，这种方法可以很好地诊断出学生的学习状况，并对教和学的过程进行评价。但是，对于职业教育的终极目标——综合职业能力的培养目标而言，这种方法就存在很大的局限性。

2015 年，广西水利电力职业技术学院机电教学团队有幸参加了赵志群教授主持的教育部哲学社会科学重大攻关项目"中国职业教育质量保障体系研究"，以及人力资源和社会保障部支持的 COMET 职业能力测评，COMET 职业能力测评技术为职业教育学习评价提供了新的方法。

6.1.1 教学过程中实施能力测评的意义

随着中国制造 2025 强国战略的深入推进，高职毕业生作为技术技能型人才必须具备足够的工作过程知识，它是完成综合性和复杂工作任务的基础。完成某一门课程的学习是否达到了该课程的能力培养目标、是否具备了相应的职业能力，是学习评价的侧重点。传统的考试或者测验所评价的是教学内容和教学计划，反映的是课程的教学效果，是对知识的检测，而无法达到职业能力检测的目的。利用能力测评方法评价课程教学效果，包含了学生的态度、对教学的认可度、学生对职业的理解、工作过程知识等多方面，超出了传统的专业知识的范畴，这是传统的考试难以实现的。

6.1.1.1 有助于学生的职业发展

职业能力是人们从事某种职业活动所必须具备的、决定职业活动成效和成败的个性化心理和素质特征。在教学过程中，对高职学生进行职业能力测评，使学生能够了解社会和企业普遍看重的能力及专业面向的职业岗位对能力的具体要求，做到知己知彼，有助于学生在制订学习计划与发展计划的过程中进行正确定位，明确未来的奋斗目标，确立职业发展方向，扬长避短，充分发挥智力和潜能，有目的地开展各项训练工作，以实现成长理想与目标。

6.1.1.2 有助于促进教育教学改革

通过学生职业能力测评这一质量监控工具和手段，可了解到教学过程存在的问题和学生能力的不足，从中发现学生职业能力发展的基本规律，给学生的后续学习提供正确的方向和目标，为职业教育实践提供明确的行动指南，帮助职业院校建立科学可行的质量保障体系，为教育教学的持续改进和教学质量提高提供支持，为更好地规范和引导职业院校发展起到积极的作用。

6.1.1.3 有助于合理地评价教学质量

教学质量、教学水平的考核不再依据听课、评课、学生成绩来做片面的评判，而是利用实实在在的、以工作过程为导向的、开放性的测试题目开展项目化的考核，以量化数据为评价依据，对职业教育质量进行科学的指导和监控。同时，这一评价方法的实施对德国"双元制"教学模式本土化起到了促进作用。

6.1.2 在课程教学中实施能力测评的思路

职业能力测评的最终目标就是提升学生的职业能力和就业能力。职业能力的形成依赖每一门课程的学习、每一项实训任务的完成，是一个逐渐积淀、逐层递增的过程，其过程要求学生不仅要专注专业知识的学习，更需要其他各方面的能力锻炼和加强，以增强职业竞争力；作为教师，在教学过程中要实时监控教学效果，时刻明确教学的问题所在，才能对症下药及时调整教学策略，达到事半功倍的效果。因此，在每一门课程的教学过程中、每一个项目或者教学任务实施的过程中，都可以利用职业能力测评的方式开展过程考核和评价，这对教学监控和教学效果提升都十分有利。

6.1.2.1 课程项目化改造

能力测评的载体是学习成果，而学习成果可以是产品、设计图纸、报告等形式，而学习成果的形成有赖于行动导向、任务驱动教学。因此，课程项目化改造必须先行。

课程项目化改造不是在原有课程教学后面增加几个综合训练项目，而是根据本课程的教学目标、对应的工作岗位，以职业能力培养为中心、以专业核心技术技能为主线设计教学项目，以项目为载体选取、整合和序化教学内容，将原课程知识点解散并重构于项目中。设计出以项目为驱动、以实际工作过程为主线的教学模式，确保教学内容与实际工作的一致性。根据课程特点，可以将课程内容整合到一个大项目或者几个小项目中，各项目对应若干的教学任务，以便于教学内容的组织与实施。

6.1.2.2 项目化教学的实施

要完成课程项目化改造并顺利应用于教学，需要教师熟悉课程和项目化改造的方法、熟悉专业；按照行动导向教学法的"六阶段法"实施教学，需要教师对课程内容、课程设计、课程实践、教学方法、教学把控等有着较为深厚的功底。因此，需要通过理论和实践的一系列培训活动，帮助教师践行行动导向、项目载体、任务驱动的教学方法，提升教学团队的教改能力和科研素质。

6.1.2.3　项目化教学的评价

项目化教学法要求学生加强技能训练、提高实际操作能力、培养职业能力，如果课程考核与平时的任务或操作没有太大关系，而是沿用传统期末笔试来进行课程考核的方式，那么，改革的成效必然大打折扣，甚至使项目化教学流于形式。所以，课程在项目化改造的同时，要构建学生职业能力培养和评价平台，考核可采用笔试与面试相结合的方式，要围绕操作规范性、操作能力、产品展示、产品质量、产品功能、产品先进性进行演示考试，以能力考核为主，兼顾知识考核，而且要考核知识的迁移；还可以通过职业资格考核和企业标准训练来评价学生，最大限度地反映学生的能力水平，增强学生的自信心和成就感。这一考核的思路与考核的目标与 COMET 能力测评起到了异曲同工的作用。

COMET 能力测评方案中的评价表为学习和教学评价提供一种新的诊断工具。评价表的 8 个基本指标可以实现对职业能力全面的评价。在这 8 个基本指标之下的评分点，则可以根据工作任务的现实需求进行相应的调整，以确保评价表的可操作性。同时，可以通过对评估指标的修改和调整，使其适应不同能力发展阶段的学生。例如，对于低年级的学生而言，不需要按照全部 40 个评分点进行评分。基本指标的标准化和具体评分点的具体性相结合，提高了学习评价的科学性和实用性。

通过实施考评国际化、课程集成化、学习成果化、改革本土化等"双元制"本土化改革，为高职教育行动导向教学模式的改革与实施打开新的局面。

6.1.3　面对一整门课程的教学实施案例

"机械制造应用技术"是以机械制造及自动化专业为主体，辐射其他机械类专业的一门重要的技术核心课程，主要培养学生的机械加工能力，在专业教学中起到知识应用与职业关键能力培养的作用。然而，由于教学方法、教学模式、教学手段的滞后，本应该成为机械类专业看家本领的加工能力却变成了软肋。针对高职学生思想活跃、形象思维能力强、活泼好动，但是抽象思维欠缺、缺乏自我控制能力的特点，如何调动学习积极性？如何实施卓有成效的教学使他们掌握一技之长，成为具有职业岗位工作能力的应用型人才？为解决这些高职教育教学面临的问题，教学团队尝试项目驱动式的一体化教学，并在教学实施中取得了良好的成效。

6.1.3.1　项目设计

1. 项目设计的思路

项目设计以机械行业中典型零件生产过程中的工作任务为基点进行课程重组，科学地设计学习性工作任务，突出实用性、趣味性、覆盖性、创新性、典型性、真实性、可操作性等特点，使学生在完成任务的过程中得到能力训练和知识积累。为了能够顺利地实施项目化教学，本课程结合学校现有设备和校办产业生产特点来设计课程项目，将知识点解散并重构于6个项目中，以项目载体、任务驱动为原则选取、整合和序化教学内容，设计出以项目为驱动、以实际工作过程为主线的教学模式，确保教学内容与实际工作的一致性。课程项目设计及新旧内容对应关系详见表 6-1。

表 6-1 课程项目设计及新旧内容对应关系

改造前课程内容体系	对应关系	改造后课程内容体系	
课程名称《机械制造技术》		课程名称《机械制造应用技术》	学时
第 1 章 机械加工方法与装备		项目 1 车削加工轴套零件	16
第 2 章 机床夹具		项目 2 设计机床夹具	20
第 3 章 机械加工工艺规程的编制		项目 3 铣削加工盘类零件	10
第 4 章 典型零件的加工工艺分析		项目 4 磨削加工齿轮类零件	10
第 5 章 机械加工质量分析与控制		项目 5 镗削加工箱体类零件	10
第 6 章 机械装配工艺基础		项目 6 装配减速器	10

2. 典型项目设计举例

本课程各项目的任务基本相同，包括制定加工工艺路线、选择工艺设备和参数、零件加工三大模块。也就是说，根据具体加工零件的不同，将原课程中这三部分内容分解到具体项目中，便于边学边用。每个项目完成后还要根据能力测评提交一份工作报告，用于理顺工作思路、总结和提升基于职业能力的工作理念。表 6-2 给出了车削加工轴套类零件的任务分解。

表 6-2 车削加工轴套类零件的任务分解

项目名称	任务名称	能力目标	知识目标	项目重点素质目标	项目成果
车削加工轴套类零件	编写轴套类零件工艺规程	能根据机械加工理论分析轴套类零件的加工工艺与技术要求；能够应用工艺知识拟定轴套类零件加工路线、编制工艺规程	了解轴套类零件结构工艺性、加工方法，熟悉车床结构及特点，掌握加工工艺规程编制的方法	养成严谨、细致的工作作风，培养团队精神	工艺卡
	加工轴套类零件	能够应用机械加工知识正确选用加工设备、加工方法、切削参数，正确操作机床加工出合格零件	了解车刀角度及修磨方法，掌握车床操作方法、游标卡尺使用方法、表面质量测量方法	养成勤俭节约和安全生产的意识	零件产品
	总结工作过程	要求理顺工作思路、总结和提升基于职业能力的工作理念，具备生产流程设计与管理的能力	了解经济性、工作过程、人性化等概念，掌握工作报告的撰写方法	养成规范操作、节能环保的良好习惯	工作报告

6.1.3.2 教学实施

项目化教学方案设计好之后，接下来就是选择恰当的教学模式、教学方法、手段和步骤，具体实施项目化教学来实现教学目标。为保证项目化教学的有效实施，应营造良好的职业氛围，将班级模拟成一个小企业，用企业的模式来管理班级，激发学生的职业角色意识，使其从纯粹学习者的角色转向学习者和工作者同一的角色；采用企业员工的晋升方式，设立各种职位以便学生的晋升，让学生在校学习就能感受到企业的氛围及工作方式、思维方式，培养学生的团队意识；同时，模拟企业的薪金制度，激发学生奋发向上的精神。实施过程如下：

（1）提出任务。给学生下发待加工零件（包括在机械零件课程设计中要完成图纸的零件）任务书。

（2）学生分组，分析加工要求以及图纸中存在的问题。学生从完成加工任务的角度，分析自己之前设计的图纸、寻找存在的问题、纠正错误、加工零件，这个过程我们称之为"连环载体"教学模式，即以产品为目标，用学生前面学习的成果作为现阶段学习的载体，用后续学习去检验前面的学习成果，一方面突出了项目载体的典型性、通俗性，减少项目前期熟悉待加工零件的准备时间，激发学习兴趣；另一方面，激励后续的学习，环环相扣，相互促进，回归整体，有效地培养学生专业能力和自我检查的意识。通过"头脑风暴法""分组讨论法"学习与项目工作任务直接相关的知识，研究、选定工作方法。

（3）制订加工计划和工作步骤。这时，学生会提出很多加工方案，这个过程可采用卡片展示、思维导图等方式让同学们各抒己见、活跃课堂气氛；教师帮助指导学生优化加工方案、加工路线和选择加工设备，确定工艺参数，并填写完整的工艺卡。

（4）实施。学生练习磨刀具、安装调整刀具、正确操作机床等。

（5）教师跟踪检查、指导学生操作，必要时指导学生调整加工方案，回答学生提出的疑问，并依据学习任务单按工作进程随机提问考核学生，通过一体化项目教学让学生"学中做，做中学"。

（6）评价。学生分组展示、总结加工过程，填写《过程考核自评表》《考核评价表》和《工作报告》，各小组汇报工作情况并答辩，教师点评项目实施情况并考核。

6.1.3.3 开展能力测评与评价

以"机械制造应用技术"课程中"车削加工轴套类零件"项目为例。

1. 职业能力评价指标的确立

根据教学目标确立评价指标，通过学习和实践培养职业能力。评价指标根据学习目标和内容的不同进行设计，包含以下内容：

（1）能够规范填写工单，合理分配人员，制订有效的工作计划。

（2）能够检索轴套类零件工艺过程及加工信息，合理设计加工工艺流程。

（3）能够设计多个完整的加工过程并进行分析对比和总结。

（4）能够利用 PPT 等形式展示学习成果并相互评价。

（5）能够在团队作用下高效及时完成工作任务。

（6）能够执行工作的过程性检验及 6S 理念。与之相对应的有直观性、功能性、使用价值导向性、环保性、经济性、工作过程导向性、社会接受度、创新性 8 个评价指标，共 40 个评价要点，以及加工思路、操作规范等，学生按照评价指标训练相应的职业能力。

2. 职业能力评价要点

在 8 个评价指标的具体评价中，小组根据被评组的加工结果、展示情况及师生的点评进行"PPT 制作能力""展示能力"及"操作能力"三个项目的评分；组间交叉安排质检员，根据学习过程中的记录和陈述，评定被评组在团队合作和 6S 管理项目中表现的得分；小组综合被评组的展示和质检员的陈述，给予"创新能力"项的评分。

此外，在 40 个评价要点中均有对应的评价内容，如"直观性"评价内容为"图表清晰准确"，"环保性"主要评价"材料选择、切削回收、废料处理、降噪降尘"等。单个评价要点均以满分 3 分计，分为完全符合（3 分）、基本符合（2 分）、基本不符（1 分）、完全不符（0 分）四个等级。

随着中国制造 2025 强国战略的不断深入，我们面临诸多挑战，技术技能人才必须具备足够的工作过程知识，它是完成综合性和复杂工作任务的基础。是否具备职业能力，具备什么样的职业能力，是学习评价要解决的问题。COMET 能力测评关注的重点是一个职业的工作以及工作所包含的各种能力，是对各种能力的测评，这一理念与行动导向教学的目标是一致的。

职业能力只能在工作情境中通过实践获得，因此，职业能力考核也必须在真实的工作环境中通过实践进行。通过课程项目化改造，为教学提供了实践条件，通过以真实工作任务作为考题，为学生职业能力测评和课程教学质量的评价提供了一种新的方式。

6.1.4 面对综合性项目的教学实施案例

项目名称：基于 COMET 能力模型的液压系统故障诊断与处理

教学目标要求：通过对典型液压系统的分析，掌握对液压系统进行分析的步骤和方法，掌握液压系统图的看图方法并能正确分析液压系统工作原理，写出动作流程；能根据实物系统画出正确的液压系统图；确定系统所具有的特点，特别要注意基本回路在一个复杂液压系统中的作用等。

6.1.4.1 任务 1：液压压力机液压系统故障诊断与处理

1. 任务书

1）学习目的

（1）学会根据液压系统故障现象分析故障原因，结合液压系统原理图快速查找故障点。

（2）学会运用故障分析表，提高查找、判断故障点的速度与准确性。

(3) 掌握排查故障现象的基本方法。

(4) 在学习过程中发现问题，能通过教师的指导解决问题，为下一步的学习设定目标和兴趣动力。

(5) 熟练掌握中等复杂液压系统故障的分析与处理，并且通过采用 COMET 能力模型对学习者提出要求，培养学习者的综合职业能力。

2）学习设备和器材

(1) 已安装调试合格的典型液压系统一套，由教师设置适当的故障点。

(2) 常用拆装工具一套，有条件的学校可提供液压测试器、液压泵故障测试器、液压油污染度检查器等。

(3) 液压压力机不少于 1 台及专用修理工具 1 套。

3）学习过程

(1) 把学生分组，每组发一份液压系统原理图。

(2) 教师设置好故障点后，由教师或学生自己开机观察故障现象，运转时间根据实际情况而定。给学生布置任务，注意强调本任务采用 COMET 能力模型，按大学二年级学生到技术服务企业实习的要求进行学习。在保证安全的前提下可让学生相互设置故障点，更能提高学生水平及兴趣。

(3) 老师介绍 COMET 能力模型，包括 8 个二级能力模块和 40 个观测点。

(4) 查找故障时要求学生按 COMET 行动维度的六个阶段进行，注意故障现象和分析故障原因，经教师审查无误后才可以进行故障排除。

(5) 学生排除故障结束，必须经教师检查合格后才能开机调试。

(6) 在学习过程中发现问题，教师应指导学生尽量自己查找解决。

4）案例任务：液压压力机压出的钢梁不合格问题的分析与处理

(1) **情境描述**。某制造厂修理班长陈先生找到公司求助，反映该厂负责压制特型钢梁的液压压力机压出的钢梁不合格，初步判断为系统压力不足，经修理班 6 人抢修 7 天也未能解决问题，严重影响全厂生产。

(2) **工作目标**。委托方采用的是 YB32-200 型液压压力机，系统额定压力 32 MPa；试件材料为 16Mn，厚 10 mm、长 600 mm、折弯角为 90°的 U 形槽钢。

(3) **工作任务**。你需要制定一份完整且详细的解决方案，并对其进行全面细致的说明。如果你还有附加问题需要询问顾客或者自己的师傅，请把这些问题整理成一份提纲，以便面谈时进行沟通和协调。

(4) **参考资料**。所有的常见资料，如教材、维修手册、相关计算机及应用软件、个人笔记、专用工具等。

5）学习报告

学习报告应包含以下内容：

(1) 系统原理图，系统的工作原理和工作参数要求。

(2) 系统出现的故障现象。

（3）分析故障原因并提出解决措施。

（4）排除故障的方法过程。

（5）调试过程。如果调试不合格也要如实写在学习报告上，然后重复（3）和（4），直到调试合格、解决故障现象为止。

（6）学习过程遇到的其他问题及解决方法。

2. 项目任务学习过程

学习任务的总步骤按 COMET 能力模型行动维度的获取信息、制订计划、做出决策、实施计划、检查控制、归纳评价六个阶段进行。学习的总体框架如表 6-3 所示。

表 6-3　基于 COMET 能力模型行动维度的学习总体框架—任务 1

学习题目：液压压力机压力不足故障诊断与处理			
学习情景	你（小李）作为大学二年级的学生到一家机电技术服务公司实习		
行动步骤	情境描述	目标参数	项目任务
0　总任务描述	修理班长陈先生给公司来电话求助，反映该厂负责压制特型钢梁的液压压力机压出的钢梁不合格，仔细观察发现压力机工作时根本压不到需要的位置，初步判断为系统压力不足，经修理班 6 人抢修 7 天也未能解决问题，严重影响全厂生产	YB32-200 型液压压力机，系统额定压力 32 MPa，试件材料为 16Mn、厚 10 mm、长 600 mm、折弯角为 90°的 U 形槽钢	你需要制订一份完整且详细的解决方案，并对其进行全面细致的说明。如果你还有附加问题需要询问顾客或者自己的主管技师，请把这些问题整理成一份提纲，以便面谈时进行沟通和协调。参考资料：解决该故障时，你可以使用所有的常见资料，如教材、维修手册、相关计算机及应用软件、个人笔记、专用工具等
1　获取信息	某修理班长陈先生找到公司求助，希望与你公司探讨液压压力机压力不足故障诊断与处理事宜。你的师傅（张）想让你开始接触这个课题，因此让你参与这次会谈。陈先生想请人到他们厂里解决液压压力机压出的钢梁不合格问题	建立定向的和概括性的知识；制定相关评价标准；准备实施与客户的商谈，进行故障分析	【了解任务，准备知识】你要参加这次与客户之间的商谈。请你在会谈开始前了解有关液压系统，尤其是液压压力机的基本信息、技术、经济性、环境保护等。请将所有信息按照适宜形式进行整理并准备进行故障分析（角色扮演）
2　制订计划	在与客户进行会谈之后，你受委托要为陈班长制订一份初步处理问题的路线图，包括参与该项工作的人员要求、时间进度要求、完成后的具体技术参数等	制订出要求说明书，需考虑应有相关要求的目录；通过咨询师傅或进一步询问客户，填补缺失的信息；制订出在技术和经济方面有所区别的各种备选方案；制订一包括不同备选方案的报价单	【制订初步工作方案，包括人力、时间、报价，注意应准备备选方案】请你制订初步处理问题的路线图，其中应包括不同的备选方案（在技术和经济方面），并且编写要求说明。你要为客户预备一份大致的路线图，包括参与该项工作的人员要求、时间进度要求、完成后的具体技术参数等，并做一次展示

续表

行动步骤		情境描述	目标参数	项目任务
3	做出决策	在计划阶段结束以后，向客户介绍分析处理方案，包括引起故障的各种可能性原因及其排查方法、处理方案。客户在做决定时，为其提供帮助和支持	决定采用某个备选方案，并且应用评价标准；准备进行阶段性展示，然后进行总结；制订需求清单	【沟通客户，完善工作路线图】 请你准备并进行演示。选择合适的演示媒体，帮助客户做出有理由的决定。在客户做出决定以后，进行完成任务的准备工作，制订需求清单。对工作路线图进行补充完善
4	实施计划	陈班长与公司签订了合作协议。工作路线图制订完成。师傅委托你完成这项任务	制订出安装设施所需要的全部资料，包括技术文献、往来信函、申请、检查清单和会谈记录等；遵循各种工作过程及业务流程；考虑劳动保护、事故防范等方面的问题	【制订项目实施所需资料，实施计划】 携项目成员带上相关技术资料和工具到现场按制订的路线图逐一进行故障原因排查，最后确定故障原因并实施故障处理
5	检查控制	将该设备投入试运行，试压钢梁合格后，交付陈班长并签字确认。为了让你积极参与到这方面的工作中去，师傅让你为上述任务作好准备，而且要以合适的方式记录相关结果。陈班长所在单位为确保此后生产正常进行，打算与公司签订液压设备维修保养合同	制订出试运行方案；交付给客户；准备后续服务合同	【制定试运行方案，完成交付手续】 请你制定出设备的试运行方案，要注意国家/行业/企业的相关标准和规定。请你完成向客户移交设备的准备工作，并且起草一份液压设备维修保养合同
6	评价	在全部工作结束以后，你要对整个工作过程和工作成果进行评价。陈班长还希望针对以后的业务委托提出优化建议	利用评价表进行自我评价；评价过程和成果	【评价性小结，提出改进建议】 请评价你的工作过程和工作成果。在评价时，请利用需求清单。你的工作在哪些地方还可以改进？说明理由
备注				

1) 获取压力机液压系统故障诊断与处理相关信息

这里主要是了解任务内容与准备知识。

主要任务是解决某制造厂液压压力机压出的钢梁不合格问题。为此，首先做好如下知识准备，其中内容大多可以在传统教材或设备说明书中找到。

(1) 液压系统故障特点及检查分析的一般方法。

(2) 液压系统常见故障与分析排除。

(3) 液压压力机液压系统原理。

(4) 液压机卸压振动噪声故障诊断处理。

(5) 液压机液压系统压力不足故障诊断处理。

(6) 液压机液压系统压力时高时低故障诊断处理。

2) 制订压力机液压系统故障诊断与处理工作计划

(1) 情境描述。在与客户进行会谈之后,你受委托要为陈班长制订一份初步处理问题的路线图,包括参与该项工作的人员要求、时间进度要求、完成后的具体技术参数等。

(2) 工作目标要求。制订出要求说明书,需考虑应有相关要求的目录;通过咨询师傅或进一步询问客户,填补缺失的信息;制定出在技术和经济方面有所区别的各种备选方案;制订一个包括不同备选方案的报价单。

(3) 制订初步工作方案。请你制订初步处理问题的路线图,其中应包括不同的备选方案(在技术和经济方面)、参与该项工作的人员要求、时间进度要求、完成后的具体技术参数等,注意编写要求说明,并对客户做一次展示。(具体内容略)

3) 做出压力机液压系统故障诊断与处理方案决策

(1) 情境描述。在计划阶段结束以后,向客户介绍分析处理方案,包括引起故障的各种可能性原因及其排查方法、处理方案。客户在做决定时,为其提供帮助和支持。

(2) 工作目标要求。决定采用某个方案,并且应用评价标准;准备进行阶段性展示,然后进行总结;制订需求清单。

(3) 确定工作路线图。你作为服务公司的技术员,在师傅的指导下完成了初步故障解决路线图,并通过投影向客户演示讲解。然后,通过与客户的沟通交流,确定采用连续24小时不间断工作方案。另外,委托方没有把握确保储备有足够的备件,而且也不能保证现有试件毛坯能满足试机需要,提出增加1名毛坯下料工。另外,通知后勤准备夜宵、早餐及工作餐送到车间。根据上述工作结果,在师傅的指导下,你制订了附有工作路线图和准备工作清单的协议书。(具体内容略)

4) 实施压力机液压系统故障诊断与处理工作计划

(1) 情境描述。陈班长与公司签订了合作协议,并约定当晚20:00工作组全体成员到达现场正式开展工作。签订合作协议后,小李在吃饭前抓紧完成了工作计划制订。

(2) 工作目标要求。制订出分析处理故障所需要的全部资料,含技术文献、往来信函、检查清单和会谈记录等;遵循各种工作过程及业务流程;考虑劳动保护、事故防范等方面问题。

(3) 确定工作计划并实施。工作方法是根据液压系统原理进行逻辑分析或采用因果分析等方法逐一排除,最后找出发生故障的部位,也就是用逻辑分析的方法查找出故障。小李和师傅简餐后按时赶到制造厂工作现场,委托方修理班全体人员及其他人员早已到达现场并做好了相关准备工作。(具体过程内容略)

5) 检查控制压力机液压系统故障诊排效果

(1) 情境描述。将该设备投入试运行,试压钢梁合格后,交付陈班长并签字确认。师傅让你为上述任务做好准备,而且要以合适的方式记录相关结果。陈班长所在单位为确保此后生产正常进行,打算与公司签订液压设备维修保养合同。

(2) 工作目标要求。制订出试运行方案；项目完成交付表；准备后续服务合同。

(3) 制订设备试运行方案，完成交付手续。(具体内容略)

6) 归纳评价压力机液压系统故障诊断与处理工作过程

(1) 情境描述。在全部工作结束以后，你要对整个工作过程和工作成果进行评价。陈班长还希望针对以后的业务委托提出优化建议。

(2) 工作目标要求。利用评价表进行自我评价；评价过程和成果。

(3) 评价性小结及改进建议。①小李的小结：项目推进顺利，还提前1/6时间完成任务，得益于事先准备了足够的技术资料，正确制订了故障处理路线图，各组成人员按时到位并通力合作（具体内容略）；②师傅对小李本次执行任务的评价：师傅拿出COMET评分表，对小李的工作过程按8个模块40个观测点逐一打分（详见评价表，略）。从表中可以看出，总分92分，综合职业能力达到中上水平。其中，8个模块得分分别为12、14、12、12、13、10、12、7。第8创新性模块得分最低，仅为7分，具体表现是完全按照教科书介绍的普遍方法安排工作程序，没有根据具体情况有创新性地调整工作程序。另外，在成本控制方面分析不够详细，在安全防范和人性化方面也没有引起足够重视。

6.1.4.2 任务2：汽车起重机液压系统故障诊断与处理

1. 任务书

主要有学习目的、学习设备和器材、具体任务、学习过程、学习报告共5部分。具体内容：略。

2. 项目任务学习过程

学习任务的总步骤按COMET能力模型行动维度的获取信息、制订计划、做出决策、实施计划、检查控制、总结评价六个阶段进行。学习的总体框架如表6-4所示。

表6-4 基于COMET能力模型行动维度的学习总体框架—任务2

学习题目名称：全液压汽车起重机液压系统故障诊断与处理				
学习情境	你（小李）作为大学二年级的学生到一家服务公司实习			
行动步骤		情境描述	目标参数	项目任务
0	总任务描述	修理班长陈先生找到公司求助，反映该单位的一台全液压汽车起重机不能正常工作：吊臂停留位置不准确、有缓慢下降现象，长时间工作时有软腿现象。该起重机已经多次维修，确认非单一故障原因，本单位维修班已无能力解决问题，严重影响全厂生产	机型：QY-8全液压汽车起重机 参数：系统压力21 MPa	您需要制订一份完整且详细的解决方案，并对其进行全面细致的说明。如果您还有附加问题需要询问顾客或者自己的主管技师，请您把这些问题整理成一份提纲，以便面谈时进行沟通和协调。 **参考资料**：解决该故障时，你可以使用所有的常见资料，如教材、维修手册、相关计算机应用软件、个人笔记、专用工具等

续表

行动步骤		情境描述	目标参数	项目任务
1	获取信息	某修理班长陈先生找到公司求助，希望与你公司探讨全液压汽车起重机不能正常工作的解决方案。你的师傅想让你开始接触这类课题，因此让你参与这次会谈。陈先生想请人到他们厂里解决全液压汽车起重机不能正常工作问题	建立定向的和概括性的知识；制定相关评价标准；准备实施与客户的商谈，进行故障分析	【了解任务，准备知识】 你要参加这次与客户之间的商谈。请你在会谈开始前了解有关液压系统，尤其是全液压汽车起重机的基本信息：技术、经济性、环境保护等。请将所有信息按照适宜形式进行整理，并准备进行故障分析（角色扮演）
2	制订计划	在与客户进行会谈之后，你受委托要为陈班长制订一份初步处理问题的路线图，包括参与该项工作的人员要求、时间进度要求、完成后的具体技术参数等	制订要求说明书，需考虑应有相关要求的目录；通过咨询师傅或进一步询问客户，填补缺失的信息；制订出在技术和经济方面有所区别的各种备选方案；制订一个包括不同备选方案的报价单	【制订初步工作方案，包括人力、时间、报价，注意应准备备选方案】 请你制订初步处理问题的路线图，其中应包括不同的备选方案（在技术和经济方面），并且编写要求说明。请你为客户预备一份大致的路线图，包括参与该项工作的人员要求、时间进度要求、完成后的具体技术参数等，并做一次展示
3	做出决策	在计划阶段结束以后，向客户介绍分析处理方案，包括引起故障的各种可能性原因及其排查方法、处理方案。客户在做决定时，为其提供帮助和支持	决定采用某个备选方案，并且应用评价标准；准备并进行阶段性展示，然后进行总结；制订需求清单	请你准备并进行演示。选择合适的演示媒体，帮助客户做出有理由的决定。在客户做出决定以后，进行完成任务的准备工作，制订需求清单。请对工作路线图进行补充完善
4	实施计划	陈班长与公司签订了合作协议。工作路线图制订完成。师傅委托你完成这项任务	制订出安装设施所需要的全部资料，包括技术文献、往来信函、申请、检查清单和会谈记录等；遵循各种工作过程及业务流程；考虑劳动保护、事故防范等方面的问题	【制订项目实施所需资料，实施计划】 携项目成员带上相关技术资料和工具到现场按制订的路线图逐一进行故障原因排查，最后确定故障原因并实施故障处理
5	检查控制	将该设备投入试运行，试吊标准重物且各项作业动作合格后，交付陈班长并签字确认。为了让你积极参与这方面的工作中去，师傅让你为上述任务作好准备，而且要以合适的方式记录相关结果。陈班长所在单位为确保此后生产正常进行，打算与公司签订液压设备维修保养合同	制订试运行方案；交付给客户；准备后续服务合同	【制订设备试运行方案，完成交付手续】 请你制订出设备的试运行方案，要注意国家/行业/企业的相关标准和规定。请你完成向客户移交设备的准备工作，并且起草一份液压设备维修保养合同

续表

行动步骤		情境描述	目标参数	项目任务
6	评价	在全部工作结束以后,你要对整个工作过程和工作成果进行评价。陈班长还希望针对以后的业务委托提出优化建议	利用评价表进行自我评价;评价过程和成果	【评价性小结,提出改进建议】请评价你的工作过程和工作成果。在评价时,请利用需求清单。你的工作在哪些地方还可以改进?说明理由
备注				

1) 获取汽车起重机液压系统故障诊断与处理相关信息

这里主要是了解任务内容与准备知识。

项目任务主要是全液压汽车起重机液压系统故障诊断与处理。为此,首先做好如下知识准备,其中内容大多可以在传统教材或设备说明书中找到。

(1) 汽车起重机液压系统分析。

(2) 汽车起重机变幅液压系统故障诊断排除。

(3) 汽车起重机支腿液压系统故障分析处理。

2) 制订汽车起重机液压系统故障诊排工作计划

(1) 情境描述。在与客户进行会谈之后,你受委托要为陈班长制订一份初步处理问题的路线图,包括参与该项工作的人员要求、时间进度要求、完成后的具体技术参数等。

(2) 工作目标要求。制订要求说明书,需考虑应有相关要求的目录;通过咨询师傅或进一步询问客户,填补缺失的信息;制定出在技术和经济方面有所区别的各种备选方案;制订一个包括不同备选方案的报价单。

(3) 制订初步工作方案。(略)

3) 做出汽车起重机液压系统故障诊断与处理方案决策

(1) 情境描述。在计划阶段结束以后,向客户介绍分析处理方案,包括引起故障的各种可能性原因及其排查方法、处理方案。客户在做决定时,为其提供帮助和支持。

(2) 工作目标要求。决定采用某个备选方案,并且应用评价标准;准备并进行阶段性展示,然后进行总结;制订需求清单。

(3) 确定工作路线图。请你准备并进行演示。选择合适的演示媒体,帮助客户做出有理由的决定。在客户做出决定以后,进行完成任务的准备工作,制订需求清单。请对工作路线图进行补充完善。

小李作为服务公司的技术员,在师傅的指导下完成了初步故障解决路线图,并通过投影向客户演示讲解。然后,通过与客户的沟通交流,确定采用3天完成的工作方案。另外,委托方有把握确保储备有足够的备件。

根据上述工作结果,在师傅的指导下,你制订了附有工作路线图和准备工作清单的协议书。

（具体内容略）

4）实施汽车起重机液压系统故障诊断与处理工作计划

（1）情境描述。陈班长与公司签订了合作协议。工作路线图制订完成。师傅委托你完成这项任务。

（2）工作目标要求。制订出分析处理故障所需要的全部资料，含技术文献、往来信函、检查清单和会谈记录等；遵循各种工作过程及业务流程；考虑劳动保护、事故防范等方面的问题。

（3）确定工作路线图。制订项目实施所需资料，实施计划。

工作方法是根据液压系统原理进行逻辑分析或采用因果分析等方法逐一排除，最后找出发生故障的部位，也就是用逻辑分析的方法查找出故障。

小李和师傅第二天早餐后带上相关技术资料按时赶到修理厂工作现场，委托方修理班全体人员及其他人员早已到达现场并做好了相关准备工作。

5）检查控制汽车起重机液压系统故障诊断与处理工作效果

（1）情境描述。将该设备试运行，试吊标准重物且各项作业动作合格后，交付陈班长并签字确认。师傅让小李为此做好准备，而且要以合适的方式记录相关结果。陈班长所在单位为确保此后生产正常进行，打算与公司签订液压设备委托维修保养合同。

（2）工作目标要求。制订出试运行方案；项目完成交付表；准备后续服务合同。

（3）制订设备试运行方案，完成交付手续。

（具体内容略）

6）归纳评价汽车起重机液压系统故障诊断与处理工作过程

（1）情境描述。在全部工作结束以后，你要对整个工作过程和工作成果进行评价。陈班长还希望针对以后的业务委托提出优化建议。

（2）工作目标要求。利用评价表进行自我评价；评价过程和成果。

（3）评价性小结及改进建议。①小李的小结：项目推进顺利，还提前1小时完成任务，得益于事先准备了足够的技术资料，正确制订了故障处理路线图，各组成人员按时到位并通力合作，下面做简要总结：（略）；②师傅对小李本次执行任务的评价：师傅拿出COMET评分表，对小李的工作过程按8个模块40个观测点逐一打分（评分表略），总分达到94分。创新性模块得分较低，具体表现是完全按委托方报告的表面故障去分析处理，未能以全局的角度去分析和思考问题，只知道按照书本介绍的普遍方法安排工作程序，没有根据具体情况有创新性地调整工作程序。

6.2 COMET能力测评在实践教学中的应用

职业教育的核心是培养学生的就业能力,就业能力的形成关键是具备相应的职业能力。围绕着专业培养目标设置的实践课程,由于教学目标不清晰,缺乏教学质量监控的尺度和教学效果检测的手段,整个专业的实践教学处于各自为政的凌乱状态,各独立课程的教学没有达到教学目标,各课程之间更没有相应的达成度,使专业能力的培养、职业能力的养成处于低端状态。如何实施实践课程的教学改革,一直是职业教育的热门话题,虽然行动导向教学、理实一体化教学、项目化教学都取得了一定成效,但是没有从根本上解决职业综合能力培养和测评的问题。

6.2.1 关于职业能力

职业能力是人们从事某个职业所必备的一种特定的能力,是在实际的工作岗位中能够解决综合性职业问题的一种能力,包括完成某项工作任务需要采取的计划、行动、策略和具体实施方案、组织和实施工作等多种能力的综合,即工作技能和智慧技能的结合。

"贵在行动"告诫我们,人的职业能力需要通过完成具体的、真实的岗位任务来培养和发展起来,在实际"行动过程"或"实践活动"中获得,并不断提高和逐渐成熟。

6.2.2 职业能力测评

COMET是一个起源于德国职业教育的国际职业教育比较研究项目,它建立了科学的对职业能力解释的框架,能够对职业教育教学质量进行细致诊断和准确的评价,在国际职业教育研究和实践中得到普遍认同。该研究项目得到了欧盟和多个国家的参与和支持,其研究成果已经在许多发达国家,包括中国得到应用。

"知行合一"在能力培养中尽显神效,众人皆知;COMET职业能力测评工具的可行性、针对性、科学性和有效性,使其成为全国性职业技能大赛的比赛内容之一,符合了世界技能大赛会做、能做、会说的衡量指标;同时,通过COMET职业能力测评为教学质量诊断与改进、为教学改革提供了有力的依据。为此,职业院校在面向培养目标实施能力培养的过程中,要有针对性地按照职业能力的要求开展训练与评价活动,使实践教学目标明确、达到实效。

6.2.3 实践教学实施案例

根据机电专业的培养目标和就业岗位对能力的要求,学生既要有设计能力、机床操作能力，也要有设备故障诊断与维修的能力，围绕所要达到的能力范畴，需要选择针对性的训练载体，分模块地开展训练。例如，设计能力的达成，我们选择了具有普遍意义的"带式输送机"设计作为项目载体。

6.2.3.1 按行动维度六个阶段实施教学

按照行动导向的理论，完整的行动过程可以分为六个阶段，按照工作规范和能力发展的基本规律有意识地组织学生顺序展开工作，并通过这六个阶段考核学生工作能力和职业能力的达成度。

(1) 明确任务。即熟读设计任务书，明确带式输送机的设计任务和工作目标，并从课本、网络资源等多渠道获取与完成任务直接关联的信息，如设计思路、设计难点、设计资料、现有机型、注意事项等；此过程包括自主学习、小组讨论、教师引导等。

(2) 制订计划。根据已明确了的任务确定设计内容、设计步骤、设计阶段和所需资料、条件、知识点。在此过程中，需要拓展思路，根据给定条件列出多种设计方案和可能性，用框图或流程图的模式罗列出具体的工作过程。例如，具体设计步骤、详细的实施计划、如何完成等，包括人员分工、材料选用、绿色环保、后续处理可预见的问题、工作协调等，说明这样做的原因、完成设计的潜在条件、实施过程可预见的问题。如果实施过程与原计划有差异，要说明原因，比如遇到什么问题、如何解决等。

(3) 做出决策。即从上述多种可能实施的设计方案中，选择最佳的解决途径并说明原因。包括电机类型、传动方案、设计步骤、时间节点等。训练学生科学和理性的决策能力和决策技术。

(4) 计划实施。即具体的设计过程，根据具体的分工与合作计划，有步骤地实施工作计划。实施过程与决策常有一定偏差，比如设计方案的调整、设计参数的变更等，学生要及时观察并记录这些偏差并做出合理的分析，提供调整后的方案，在后续的评价反馈中分析产生偏差的原因，总结经验教训。

(5) 检查控制。设计过程中难免有数据计算的偏差、结构设计失误和表达错误等，需要及时开展质量监控，包括综合能力目标、行为目标、知识目标，特别是技能目标是否正确、是否达成，要通过及时检查和控制才能使设计顺利开展。

(6) 评价反馈。在设计的每一个阶段和最终阶段，通过汇报、答辩、互评等方式，从多方面对设计成果及设计过程开展汇报与评价，这个过程不仅是为了找到设计中存在的问题，更要找到产生问题的原因，并做出相应的修正。更重要的是通过这个过程加深对设计的理解，总结设计过程，理顺设计思路，使设计知识得到巩固，能力得到提升。

6.2.3.2 围绕8个能力指标完善设计过程

学生的设计方案、设计结果、分析问题和解决问题的方案是否满足要求，要围绕职业能力测评的8个能力指标40个观测点进行判断，也即在设计过程中要及时将学生的解决方案与职业能力吻合度进行对比分析,每一步的设计成果要体现相关的职业能力。每一位学生除了提交设计成果外,还要根据能力测评提交一份设计报告,用于理顺设计思路、总结和提升基于职业能力的设计理念。具体内容详见表6-5。

表6-5 对应8个能力测评指标的考核表

能力指标	具体要求	表现形式
直观性	要求学生通过文字描述、利用图纸、草图、表格等形式形象直观、条理清楚、结构合理地展示设计任务及设计思路、人员分工、时间节点等	小组汇报展示
功能性	要求学生提出的设计方案能满足任务要求,实现任务书要求的功能,有计划地查阅资料、学科知识以及设计案例,提出有创意的设计方案并优化功能	提交方案论证并答辩
使用价值导向性	要求学生在设计的过程中,始终以顾客利益为导向,除了满足用户的直接使用要求和使用安全、减少使用中的故障外,还要考虑后期保养和维修的便利性,并给出具体的保养维修方案。比如:考虑合理的安装位置,设置装拆工艺结构、加油和排油孔等	设计图纸
经济性	在设计中,要求学生能够将设计方案、设计成果放到带式输送机有可能的工作环境中去考察它的经济性,权衡客户支出成本与收益、用户支出与收益之间的关系,并考虑和分析未来使用过程中可能产生的维护、维修的成本和零部件更好的便利性。此外,还需要关注国民经济发展宏观态势,做好市场需求分析和产品更新换代的预测,关键零件有成本对比分析。比如:标准化、轻量化、系列化在设计中的体现	设计说明书中有阐述
工作过程导向性	要求设计方案和设计过程,能考虑产品生产过程中上下游之间的衔接是否方便,考虑到跨越了设计者工作领域的部门间的合作与协调。比如:标准件规格、键槽方位、倒角和退刀槽尺寸的统一等,便于购置与加工;产品便于运输和转场	零件图和装配图
社会接受度	要求考虑到超越工作本身的社会因素,设计成果和生产过程具有人性化,注意到产品制造和使用过程中有关劳动安全、事故防范以及对社会环境造成的影响等。比如:在结构设计上有防漏油、降低噪声、安全、方便安装、方便运输等方面的考虑	设计说明书和图纸
环保性	要求在设计中遵守绿色制造、节能环保、再生能源对生产过程和生产结果的特定要求;零件制造尽可能考虑使用对环境无害的材料,考虑节约能源和使用可以回收与再利用的材料。比如:简化零件结构、减少加工面、零件材料的选择、润滑油的回收、防污染的举措等	装配图
创新性	要求学生对问题情境有足够的敏感性,对任务提供的设计条件使用充分,在完成任务目标的前提下表现独特的设计思维。比如:减速方案、机器布局、减速器外形及结构等是否有创意和留下可拓展空间,而不仅仅满足任务要求	示意图、答辩

6.2.3.3 设计能力的考核与评价

1. 设计能力测评题目

开放式的综合测试题目是COMET测评方案的主要测试工具,该题目的形式与实际工作中的任务书类似,它来源于职业的典型工作任务,且符合职业教育培养目标的要求。根据机电类专业的培养目标和就业岗位对能力的要求,学生既要有设计能力、机床操作能力,也要有设备故障诊断与维修的能力,围绕所要达到的能力范畴,需要选择针对性的训练载体,分模块地开展训练。

为了检验课程设计/毕业设计的效果,可以根据上述职业能力测评方法,拟订测评题目。具体如下:

(1) 情境描述。我国经济资源有限,国家大,机床需求量大,不可能拿出相当大量的资金去购买新型的数控机床,而我国的旧机床很多,用经济型数控系统改造普通机床,在投资少的情况下,使其既能满足加工的需要,又能提高机床的自动化程度,比较符合我国的国情。

假设你在设计部工作,现有一台老旧的 C618 车床,目前该设备没有按照要求进行相关维护保养。要求你应用成熟的数控技术理论和成功经验,以低廉的成本对普通旧车床进行数控化改造,可以恢复甚至提高原机床的精度,用于加工中小型零件的平面、成形表面(如任意圆弧、凸轮的曲面等)及 45°内任意的平面。数控装置主要功能:控制工作台沿 X、Y、Z 三个坐标方向的移动及移动速度,有快速移动功能,并具有刹车装置。

(2) 任务要求。请你制订一份详细的改造和安装计划,达到相关安装标准和加工精度要求,并全面详细论证改造计划。尽可能详细拟订工作计划、设计制作方案和生产流程等,并做必要的成本分析。假如你还有其他问题,需要与委托方或者其他用户或专业人员讨论,请你写下这些问题。请你全面详细地陈述你的建议方案,并说明理由。

(3) 劳动工具与辅助工具。操作说明书和车床参数,以及常见资料和工具,如教学用书、笔记本、工作手册和互联网、计算器等。

2. 组织职业能力测评

在测评之前,应该有强调性地告诉考生,本次测评的目的是采用笔试的形式通过被测者的答案从 8 个方面透视出被测者的综合职业能力,具体就是要求被测者从 8 个方面思考和提出答案。因此,请大家答题时关注上述 8 个方面全面制订解决问题的方案,不能只做技术方案,还要给出包含时间和人力的工作计划。以上内容应印在答题纸上,并作约 10 分钟的强调性培训,强调测评的必要性和具体要求。具体如下:

(1) 直观性:要求展示的方案图文并茂,通俗易懂;
(2) 功能性:要求所做的方案能解决问题;
(3) 使用价值导向性:要求所做的方案值得实施;
(4) 经济性:要求关注投入产出和运维费用;
(5) 工作过程导向性:要求制订方案按企业工作过程/流程进行;
(6) 社会接受度:要求实施过程及成果能被社会接受;
(7) 环保性:要求关注节能、环保和废物利用;
(8) 创新性:要求所做的方案有意义、有新意。

3. 测评结果分析

职业能力测评需要根据专业特点设计测试题,被测者需要根据测试题的要求作一个至少包含技术方案和实施计划的解决方案。测评专家通过直观性、功能性、使用价值导向性、经济性、工作过程导向性、社会接受度、环保性、创新性 8 个方面，分 40 个观测点进行评分。测评的结果主要是根据 8 个方面的得分情况给出能力雷达图，并按照"名义性能力""功能性能力""过程性能力""整体设计能力"四个层面将被测者的职业能力划分为不同层次。由测评结果可以得知被测者的职业能力具体在哪方面强、哪方面弱，这就为学生认识自身的不足、制定下一阶段的学习目标提供了依据，也为教师总结前一阶段的教学效果、计划后续教学内容和教学方法提供思路。

6.2.4　应用效果分析

基于 COMET 职业能力测评开展实践教学，使教学目标明确，教学思路清晰，实践教学内容和教学过程得以细化，这对学生而言将带来巨大的收益，学习积极性、学习兴趣、学习动力得到提高，学习的效果立竿见影。作为职业院校，教育的目标是培养学生在对应岗位的职业能力，在理论知识够用的前提下，应针对专门化的职业行动进行训练，融入企业文化信息，让学生在每门课、每堂课中逐渐积累、不断吸收专业知识，使学生的成长过程、能力培养过程与就业息息相关。

每一门针对专业培养目标设置的课程，都能够按照能力测评模式开展细致的教学和训练，将十分有效地提高职业能力培养的达成度。但是，由于文化程度、专业基础、专业基本素质的欠缺，大部分学生很难全面考虑设计成果是否符合 8 个能力测评指标的要求，无法全面、详细、形象而直观地展示设计方案，需要老师一步步引导、帮助学生逐渐建立系统、规范、节能环保、安全、经济等设计理念。

以工作过程为导向，基于 COMET 职业能力测评开展实践性教学，是实践课程教学中最具挑战性的改革，需要教师自身具有丰富的实践经验和综合的职业能力，这对教师的成长将起到巨大的推动作用；通过有针对性地训练学生的综合能力和素质，将给学生职业能力的培养带来质的飞跃。

职业教育开设的实践课程为能力培养提供了机会。由于缺乏监测手段而使实践教学课程处于游离状态，没有达到预期的能力训练效果。以工作过程导向实施实践课程的教学，基于 COMET 职业能力测评去完善实践教学过程，有效提高了实践教学的质量和培养目标的达成度，将对实践教学带来新的变革。

附件1 测试题例

这里共收集有13道测试题例,供同行们参考。其中,第1~11道题为专业性较强的测试题,第12、13道题为机械领域通用测试题。

F1.1 测试任务例1

F1.1.1 测试题目

测试任务:街道路灯杆修复设计与安装。

F1.1.2 测试任务描述

F1.1.2.1 情境描述

某街道路灯杆装置因意外交通事故,受到车辆磕碰,路灯杆被撞倒在地,相关管理部门现场检查发现路灯的灯杆、灯座、灯头、底座等被严重损坏,无法正常使用。但配电系统完好,可以继续使用。经进一步了解知道,该路灯为试验型路灯,没有库存配件,需要及时定制,以免影响街道照明。原路灯杆结构及主要构件如图F1-1-1所示。

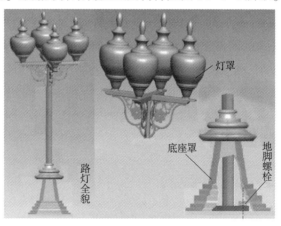

图 F1-1-1 原路灯杆结构及主要构件

相关管理部门找到 M 服务公司，请求帮忙解决问题。M 服务公司派人到现场勘查进一步了解到如下情况：

（1）灯杆高度是 5~6 米，主体杆采用管材（钢）为主材，已经被撞坏，严重变形；路灯杆检修孔已经严重变形，检修门不能关闭，不能达到防盗防雨及安全要求，同时发现检修孔距离地面仅为 0.2 米，操作很不方便。

（2）路灯 4 个灯头有松动、歪斜现象，其中 1 个灯罩已破碎。

（3）原底座罩已损坏，灯杆底盘安装的地脚螺栓被拔起。

（4）路灯管理部门要求 2 天内恢复正常照明。

（5）相关管理部门领导希望新设计的灯罩和底座罩更能体现地方特色。领导要求手板打样通过审查后才能投入正式生产。

公司领导考虑到公司现有 3D 打印机在使用中可能遇到的问题，会造成工期延误，要求相关部门根据公司现有资源（现有金属管材、3D 打印机及其打印材料；现有设备主要有 CT-300、CT-005；现有耗材主要有 PLA、ABS、PETG、TPU、光敏树脂等），分别制订最近曾经出现以下机器故障问题的解决预案：①FDM 机器 CT-300 在使用过程中，机器不执行打印动作、喷头不出料问题；②LCD 机器 CT-005 在使用过程中，机器无法上传文件和界面一直显示正在打印中。（可参考附件中：CT-300、CT-005 典型故障分析解决方法）

F1.1.2.2 任务要求

请您作为公司派出的项目经理以技术人员的视角，充分考虑客户要求，完成一个用时短且结构合理、美观耐用，符合经济、环保理念的解决方案，并对安装与施工做简要说明。尽可能详细拟订工作计划、设计制作方案和生产流程等，并做必要的成本分析。假如你还有其他问题，需要与委托方或者专业人员讨论的话，请你写下这些问题。请详细地陈述你的意见或建议并说明理由。

F1.1.2.3 劳动工具与辅助工具

可以使用手册、专业书籍、计算器、装有相关应用软件的计算机及有关的仪器仪表等，也可以上网查找相关资料。

F1.1.3 问题解决空间与参考资料

F1.1.3.1 问题解决空间

1. 直观性

（1）是否给出并详细讲解了装配示意图和其他示意图？

（2）是否编写出一份一目了然的所用材料及部件的清单（如表格）？

（3）图形、表格、用词等是否符合专业规范？

2. 功能性

（1）从技术观点看，装配解决方案是否合理有效？

（2）所设计的工作/装配流程是否合理？

（3）所列的解释和描述在专业上是否正确？

（4）是否能识别出各种解决方案的优缺点？

3. 使用价值导向性

（1）解释和草图是否能让外行人也能看得懂？

（2）所设计的方案是否易于实施？

（3）是否提出了超出客户愿望之外的合理建议？

（4）是否交给用户一份说明书，使其了解当使用过程出现问题时如何应对？

4. 经济性

（1）是否考虑到各种解决方案的费用和劳动投入量？

（2）施工方案是否具有经济性？

（3）在提出的多种方案中选择这种方案的理由是什么？

（4）有多大程度考虑了节能/环保问题？

5. 工作过程导向性

（1）在解决方案中是否考虑到了客户的要求？

（2）在确定施工工艺时，是否考虑后期的维护与保养？

（3）计划中是否考虑到如何向客户移交？

（4）是否有一个包括时间进度、人员安排的工作计划？

6. 社会接受度

（1）是否考虑到安全施工、事故防范的内容？

（2）方案中有否人性化设计（如工作环境、场地设施）、关注员工身体健康和方便操作？

7. 环保性

有否考虑了废物（包括原装置未损坏部分）再利用及是否考虑了解决施工产生废料的妥善处理办法？

8. 创新性

方案（包括备选方案）有多大程度回应了客户提出的问题和是否想到过创新的解决方案？

F1.1.3.2 解决方案参考资料

1. 3D打印机CT-300典型故障

3D打印机CT-300典型故障及其分析处理办法见表F1-1-1。

表 F1-1-1 CT-300 典型基本故障分析处理表

序号	故障描述	故障分析	解决办法
1	达到打印温度机器无动作	查看打印文件名是否有中文名或特殊符号	重设置文件名为数字、字母
		查看打印文件代码是否完整	重新生成文件,重新导出打印文件并检查打印代码完整性
		查看断料检测开关是否亮起	检查断料线路连接,重新安装耗材
		查看 USB 线路	重装 USB 延长线,并检查 U 盘是否完好
2	打印开始无耗材挤出	耗材是否装填到位	装填耗材,并确保加热装填下耗材可以挤出
		是否有进行调平	按照说明进行调平操作
		出料通道是否堵塞	确定是否堵塞,如有按照说明进行清理
3	打印开始超出打印范围	软件设置尺寸是否正确	检查软件设置尺寸是否正确,并重新导出文件

2. 3D 打印机 CT-005 典型故障

3D 打印机 CT-005 典型故障及其分析处理办法见表 F1-1-2。

表 F1-1-2 CT-005 典型故障分析解决方法

序号	故障描述	故障分析	解决办法
1	无法上传文件	查看 U 盘是否能正常读出	尝试更换 U 盘测试
		查看打印文件格式是否正确	重新导入 U 盘打印文件
		打印机内是否有同名文件	删除打印机内的同名文件或改写文件名
		机器系统 BUG	重启机器
		打印文件是否完整	重新生成打印文件,重新导入
2	选择打印文件不执行或一直显示正在准备打印文件	上传文件中文件损坏	重新上传
		打印文件 ID 和机器 ID 不同	软件输入机器 ID 重新生成文件
		机器系统 BUG	重启机器
3	切片时显示磁盘已满	检查导出文件占用内存是否过大	更换更大内存 U 盘
		切片过程中文件损坏	重新切片

F1.1.4 解题示例

解题格式不做统一规定,我们提倡基本按 COMET 能力模型行动维度的六个阶段(获取信息、计划、决策、实施、控制、评价)给出方案。例如:

(1) 准备工作(成立项目组、经研究明确的问题重点等)。

(2) 技术方案设计（应给出多种方案，至少给出基本式、流行式和升级式三种方案，应含经济核算、人体工程等）。

(3) 经与委托方沟通后确定方案。

(4) 工作方案或施工方案（注意人员和时间安排等）。

(5) 实施（重点关注安全、环保、健康等）。

(6) 试验与交付。

F1.1.4.1 准备工作

收到委托方委托，经过与委托方交流及现场初步勘查，公司决定接受委托任务，并在技术部成立了以我为组长、李工和王工为成员的三人项目组。接受任务后，我马上召集项目组成员开会。首先是进行了初步分工：我负责与委托方联络及设计实施，在设计阶段李工和王工配合我进行设计；设计完成后，李工负责配件外购，王工负责现场施工协调。经研讨明确如下要点：

1. 技术要点

主要有灯杆、灯座、灯头、底座严重损坏无法继续使用；配电系统仍完好，可继续使用；该路灯系统为新产品，没有库存配件，需要设计定制。详见表 F1-1-3。

表 F1-1-3 主要修复内容及技术要点

序号	内容/事项	参数	备注
1	灯杆	材质：钢，高度：约 6 米	损坏不能再用；检修门需防水，检修门开口高度应符合人体工学；底座地脚螺钉需重新安装
2	灯头、灯罩	灯罩材料：塑料	4 个灯头松动及歪斜，1 个灯罩损坏
3	底座罩	材质：塑料	底座罩损坏不能再用
4	修复时限	2 天	
5	修复期望	具有地方特色，美观	创新部分需委托方审核

2. 其他要点

根据项目任务概况，估计需要 2 名钳工和 1 名综合工，注意通知工程部安排相关人员准备当天晚上加班或在第二天参加施工作业。

F1.1.4.2 技术方案设计

方案设计思路：其一，为节约成本，缩短工期，项目尽量外购合适配件，其主要有地脚螺钉和防水胶条等。其二，对于没有库存和市场无供应的配件，项目部结合现有材料和设备在最短时间内完成零配件设计制作。

1. 灯杆

用以安装灯座的顶部只是有些变形，略加调整修复还可使用；约 5 米长的杆体利用公司库存管材制作，注意在开检修孔时把位置抬高到 0.5 米（原 0.2 米不方便操作）；底部连接盘利用原件（已变形）调平修复重新使用。最后现场把顶部和连接盘分别与杆体焊接牢靠即可。

2. 灯罩设计制造

因为松动、歪斜的 4 个灯座可以修复使用，只有一个灯罩损坏需要重新制作，又考虑到仅本杆的灯罩更换外形会影响整条街道路灯的整体美感，故建议此灯罩按原设计采用逆向设计技术原样制作 1 个即可。

3. 底罩创新设计

由于原底罩已严重破损无法使用，另外，灯杆下部的检修孔已经抬高了位置使原底罩的高度尺寸也不合适了，因此，需要对底罩进行全新的创新设计。按照美观实用并具有鲜明地方特色的要求，给出两个设计方案提供委托方选定。

(1) **底罩方案 1**：以几何图形作为基体配上当地民族图案作为纹饰，方案结构简洁美观突显浓厚的当地民族文化特色。方案效果如图 F1-1-2 所示。此方案的特点：外形简洁，工艺简单；印刻民族图案，具有当地民族人文特色；采用 3D 打印技术工程材料，强度充足，环保耐用。

(2) **底罩方案 2**：以当地的市花作为设计载体，美观特色。方案效果图如图 F1-1-3 所示。此方案的特点：外形优美，工艺烦琐；以市花为蓝本造型，极具有当地人文特色；采用 3D 打印技术工程材料，强度充足，环保耐用。

图 F1-1-2 底罩方案 1

图 F1-1-3 底罩方案 2

4. 功能拓展口设计

在与委托方交流中了解到，委托方可能在后期加装摄像监控系统。因此，在灯杆上方 5 米处预留摄像监控安装口，同时制作盖板并粘装防水胶条。

5. 初步成本预算

综合以上考量，做出初步成本预算如表 F1-1-4，以供最后方案决策参考。

表 F1-1-4 初步成本预算

方案\项目	1	2	3	4	5	6	合计	时限
方案 1：灯罩按原样	6米灯杆 300元	自制灯罩 50元	自制底罩 100元	零星外购件 100元	施工安装 300元	人员 3 600元	4 450元	3天
方案 2：重新设计灯罩	6米灯杆 300元	自制灯罩 350元	自制底罩 100元	零星外购件 100元	施工安装 300元	人员 3 600元	4 750元	3天
备注	（1）按照项目工程量，预计需要3天才能完成，如果确实必须2天完成，就需要加班，应增加加班费1 200元。 （2）原有供电系统继续使用。							

6. 公司现有设备有可能出现影响工程的故障处理预案

决定采用 CT-300 进行 3D 打印。FDM 机器 CT-300 在使用过程中喷头不出料故障和机器不执行打印动作故障，可分别按图 F1-1-4 和图 F1-1-5 所示逻辑程序进行处理。

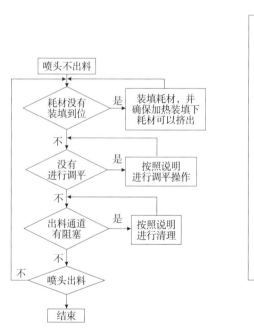

图 F1-1-4 CT-300 喷头不出料故障处理程序　　图 F1-1-5 CT-300 不执行打印动作故障处理程序

F1.1.4.3 确定技术方案

经与委托方协商决定采用方案1并加班的方案，底罩采用具有明显民族特色的方案。据此，进行经费预算，在成本费的基础上加收方案设计费300元、现场管理费500元，后续维修费 300 元，项目收费 4 450 元+1 200 元+1 100 元=6 750 元，税金 4.7%，项目总计结算费用为 7 067.25 元。

F1.1.4.4　施工方案设计

第 1 天上午完成现场勘查及制定出初步设计方案，下午经与委托方反复沟通完成设计方案后，立刻进行制作，确保第 2 天 8 点前完成全部自制件（包括修复部分）。

第 2 天上午，施工安装人员、设备、物料进场工作；第 2 天 18 点前完成修复并通过验收交付委托方。期间在第二天午饭后，李工就要着手准备包含使用方法及注意事项的验收用材料。

F1.1.4.5　实施

1. 第 1 天晚饭后开始加班

组长负责灯罩的三维扫描并通过 3D 打印完成制作；李工负责列出外购件和材料清单，并完善底罩设计和通过 3D 打印完成底罩制作；王工带领 3 位师傅到现场完成必要的安全围挡，并把灯杆上部和下部连接盘与原杆身切割分离，带回公司调校修复，最后完成灯杆的全部修复制作。

2. 第 2 天 8 点现场上班

李工负责采购标准件；王工带领施工安装人员携设备、物料进场工作，同时担任安全监督员。重点注意事项：

（1）全面完成施工安装现场安全围挡，贴挂相应的安全标识牌。
（2）施工技术人员应具备相应的资格和资质。
（3）现场工作人员应做好相应安全措施，如佩戴手套、戴安全帽、穿反光背心等。
（4）打制地孔应做好相应的降尘减噪措施，如湿水施工、佩戴口罩等。
（5）撤场时做好卫生清理工作，所回收报废零部件应按照相关规定进行回收分类处理。

F1.1.4.6　竣工验收交付使用

装调、试用合格后，请委托方验收并对委托方口头作相应解释及操作使用注意事项，双方签署含培训计划在内的验收单。公司相关部门进行验收并签订验收单。最后把包含有操作使用说明及注意事项、三包服务等内容的技术文件交给委托方。

公司相关部门召开项目总结会议，肯定成绩，找出存在问题，以便下次取得更好成绩。

项目结束。

F1.2 测试任务例 2

F1.2.1 测试题目

测试任务：智能控制晾衣架的设计与安装。

F1.2.2 测试任务描述

F1.2.2.1 情境描述

某公司通过市场调研后，决定推进创新设计项目：智能控制晾衣架研制。基本要求是：晾衣架在晴爽天气时自动伸出晾晒衣物，下雨时自动收回防止衣物被雨淋湿，要求晾衣架承重不低于 150 千克。前期已利用市场上已有的手动晾衣架，通过改造完成了智能控制晾衣架样品的主体结构研制，如图 F1-2-1 所示。公司领导对下一阶段的工作提出如下部署：

（1）对晾衣架样品主体结构进行打样出图，准备小批量试产。
（2）提出智能控制方案，可以考虑加装传感器和电机等。
（3）拟订传感器是否存在脏污、划痕等表面质量的检验方案。
（4）拟订产品安装使用说明书。

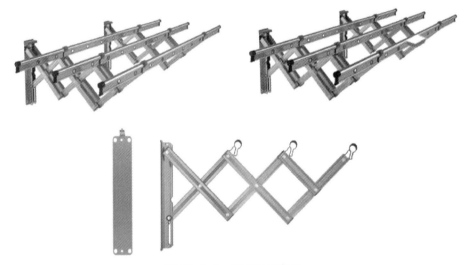

图 F1-2-1 晾衣架示意图

F1.2.2.2 任务要求

请您以项目经理的身份、技术人员的视角,设计并绘制晾衣架机构的原理简图,给出详细的设计方案,并对安装与施工做简要说明。尽可能详细拟订工作计划、设计制作方案和生产流程等,并做必要的成本分析。假如你还有其他问题,需要与委托方或其他用户或专业人员讨论的话,请你写下这些问题。请详细地陈述你的意见或建议并说明理由。

F1.2.2.3 劳动工具与辅助工具

可以使用手册、专业书籍、计算器、装有相关应用软件的计算机及有关的仪器仪表等,也可以上网查找相关资料。

F1.2.3 问题解决空间与参考资料

F1.2.3.1 问题解决空间

1. 直观性
(1) 是否给出并详细讲解了装配示意图和其他示意图?
(2) 是否编写出一份一目了然的所用材料及部件的清单(如表格)?
(3) 图形、表格、用词等是否符合专业规范?

2. 功能性
(1) 从技术观点看,装配解决方案是否合理有效?
(2) 所设计的工作流程是否合理?
(3) 所列的解释和描述在专业上是否正确?
(4) 是否能识别出各种解决方案的优缺点?

3. 使用价值导向性
(1) 开发方案是否考虑到功能的拓展性?
(2) 所设计的方案是否易于实施?
(3) 是否提出了超出客户愿望之外的合理建议?
(4) 是否交给用户一份说明书,使其了解当使用过程出现问题时如何应对?

4. 经济性
(1) 是否考虑到方案的费用和周期?
(2) 维护费用是否具有经济性?
(3) 为何要选择这种设计安装方案?
(4) 是否考虑到性价比,并说明理由?
(5) 时间与人员配置是否满足方案的要求?

5. 工作过程导向性

（1）在解决方案中是否考虑到了客户的要求？

（2）方案是否以工作过程知识为基础？

（3）解决方案中是否考虑到超出本职业工作范围的内容？

（4）计划中是否考虑到如何向客户移交？

（5）是否有进度表/工作计划？

6. 社会接受度

（1）是否有考虑安全施工、事故防范的内容？

（2）方案中有否人性化设计（如工作环境、场地设施）、关注人员身体健康和方便操作？

7. 环保性

有否考虑了废物（包括原装置未损坏部分或库存物品）再利用及是否考虑了解决施工产生废料的妥善处理办法？

8. 创新性

方案（包括备选方案）有多大程度回应了客户提出的问题和是否想到过创新的解决方案？

F1.2.3.2 解决方案参考资料

1. 公司库存传感器列表（见表F1-2-1）

表F1-2-1 公司库存传感器列表

序号	型号	控制方式	单价/元	备注
1	LM386	声控	120	
2	LM388	光控	90	
3	LL625	声控/光控	230	
4	LW843	温度	80	
5	LT630	湿度	75	
6	LWT750	温度/湿度	180	
7	LY542	烟雾	205	

2. 公司现有检测仪器列表（见表F1-2-2）

表F1-2-2 公司现有检测仪器列表

序号	型号	品牌	数量	备注
1	基础检测量具	英示	1套	
2	手持式三维扫描仪	杭州中测	1台	
3	三坐标测量仪	杭州中测	1台	
4	工业视觉检测设备	FUNA	1台	

F1.2.4 解题示例

解题格式不做统一规定,我们提倡基本按 COMET 能力模型行动维度的六个阶段(获取信息、计划、决策、实施、控制、评价)给出方案。例如:

(1) 准备工作(成立项目组、经研究明确的问题重点等)。
(2) 技术方案设计(应给出多种方案,至少给出基本式、流行式和升级式三种方案,应含经济核算、人体工程等)。
(3) 经与委托方沟通后确定方案。
(4) 工作方案或施工方案(注意人员和时间安排等)。
(5) 实施(重点关注安全、环保、健康等)。
(6) 试验与交付。

F1.2.4.1 准备工作

根据公司新项目具体要求,组织了相关人员召开了说明会,针对本次项目任务成立了项目小组,并指定相关项目成员具体任务分工,本人担任项目经理,负责项目的统筹、方案创新设计与实施计划;小黄负责零件检测与测量,并根据相关数据进行结构设计,与配件外购;小张负责线路设计并安装调试;小李负责售后服务方案、产品使用说明书编制等。接受任务后,马上召集项目组成员开会,经研讨明确如下要点:

(1) 功能性的保证。在进行设计改进后能保证产品的技术要求及功能参数指标。
(2) 稳定性的保证。改进设计后产品能稳定可靠地工作。
(3) 经济性的保证。要求改进后产品与市场同类产品相比具有一定的价格优势。
(4) 美观协调性的保证。改进后产品简洁美观,结构合理,布局符合人机工程学设计原理和方法,做到零部件不干涉、操作过程不妨碍、使用场景不影响。
(5) 环保性的保证。在方案设计的过程中,注意环保材料的使用、旧材料的回收与再利用,同时在产品安装调试的过程中进行规范化施工。
(6) 制定产品偶发故障的处理预案。

F1.2.4.2 制订技术方案

1. 创新设计方案一

1)思路

在现有手动晾衣架的基础上,移除手动转柄,加装外购电机;利用拆除的转柄材料并将其再利用,作为传感器支架安装于晾衣架前部;选择公司库存光控传感器并进行质量检测;连接相关线路安装调试;其他标准辅件外购;最终扫描设计并出图。

2) 主要材料清单

主要材料见表 F1-2-3。

表 F1-2-3　主要材料

序号	构件名称	数量	参数	备注
1	减速电机	1 件	50 mm×60 mm	外购
2	电机安装支架	1 件	与电机选配	自制
3	电机保护套	1 件	φ55 mm	3D 打印自制
4	传感器支架	1 件	旧物改装修配打孔	自制
5	光控传感器	1 套		库存
6	沉头螺钉及螺母	12 套		外购
7	扎线带	1 包		外购

3) 电机的安装与配件设计制作

（1）电机架的设计制作。根据产品具体的结构及使用场景分析，合理设计与选用电机，并合理布局放置电机位置。首先，根据外购电机的安装孔位，以及现有晾衣架的结构选定放置位置，设计电机与晾衣架连接的电机架如图 F1-2-2 所示。同时根据经济性和环保性的要求，该零件材料选择在现有库存废料金属中截取合适尺寸进行加工制作。

图 F1-2-2　电机安装架

（2）电机保护套的设计制作。由于考虑到电机的使用场景是在户外，有可能受到日晒雨淋，因此有必要给电机设计合适的保护套。同时考虑方便日后的维护和维修，设计保护套的安装孔位与电机安装孔位相对应，合理利用空间。考虑到项目经济性及效率，我们选择快速成型技术进行制作。电机保护套设计如图 F1-2-3 所示。

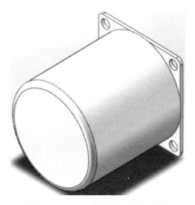

图 F1-2-3　电机保护套设计

(3) 电机安装。

对电机进行安装与调试，安装结果如图 F1-2-4 所示。

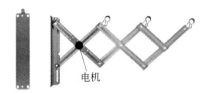

图 F1-2-4　电机安装示意图

注意：电机线路安装走向应合理得当，做好相关措施避免电线干涉机构的正常运行与工作。

4) 传感器的安装制作与调试

改进方案一选择现有的光控传感器，其特点是适合对应产品，控制逻辑合理，价格相对便宜。传感器在使用前，应对传感器进行质量检测，利用现有机器人视觉设备，对光传感器进行检测，看是否存在细微的划痕和缺陷，确保安装到晾衣架上的传感器为优良的设备。同时，利用废弃转柄零部件及材料改装成传感器支架，既节约了成本又为项目的进展提升了效率。传感器安装示意图如图 F1-2-5 所示。

图 F1-2-5　传感器安装示意图

通过以上的创新设计与制作安装后，应对产品进行一系列的工作调试，模拟使用场景，记录产品运转情况和出现的问题，及时反馈并寻找解决方案进行处理，使产品达到理想的稳定的情况为止。

5) 产品零部件逆向设计并出图纸

以上产品设计调试定型后，将产品拆解，利用公司现有的手工量具、三维扫描仪、三坐标测量仪等设备进行快速有效的逆向设计，并进行图纸的绘制，已达到小批量生产的条件。具体检测分析如下：

（1）由于该产品是在原有成品的基础上进行加装部件及修改结构所形成的创新产品，并且该衣架为采购产品，所以晾衣架上各部件的长、宽、厚度等尺寸可不必进行测量，重点需要检测的尺寸为晾衣架各构件的装配尺寸，即晾衣杆部件上新加工孔位的尺寸和后添加部件尺寸、电机及其配件的安装及定位尺寸、传感器的安装及定位尺寸。

（2）晾衣杆部件上新加工孔位的尺寸和后添加部件尺寸检测。由于其并不是特别精密的产品,所以在检测仪器选择上可以排除三坐标测量仪;由于其部件的体积较大,也可排除使用工业视觉检测;如果考虑在不拆卸新产品的情况下检测,可使用手持式三维扫描仪进行检测,确定部件的孔位尺寸及产品的装配尺寸;如果考虑可拆卸新产品的情况,也可使用基础量具进行检测,确定尺寸。

(3)电机及其配件的安装及定位尺寸检测。由于其需要固定在产品上进行检测,才能获得准确的定位尺寸,所以可以排除三坐标测量仪检测和工业视觉检测;在不移动电机的情况下,使用手持式三维扫描仪检测比基础量具检测的精度更高。

6)制订设备最近常见故障处理预案

由于此项目逆向设计应用的设备可设计不同种类、不同门类、不同企业的产品,在使用之前请参见设备使用说明书,了解设备使用操作要求以及常见问题及其处理办法,保证项目的进度与质量。

7)成本预算

成本预算见表F1-2-4。

表1-2-4 成本预算

序号	名称	数量	设计制作方案	预算/元
1	减速电机	1件	外购	100
2	电机安装支架	1件	自制	10
3	电机保护套	1件	自制	5
4	传感器支架	1件	自制	5
5	光控传感器	1件		90
6	螺钉螺母	12套		5
7	其他构件	若干		30
合计				245
备注	加:手动晾衣架的成本在200元左右,项目总费用445元。			

与市面同类产品对比,其特点表现为:产品方案比较新颖,目前同类自动晾衣架并不多见;同类产品市场价格基本在1 000元以上,因此产品批量生产后具有较好的经济性。

2. 其他方案

1)方案二

在方案一的基础上,保留原手动摇柄,保证停电或者其他断电情况下仍可操作产品。经测量,原手柄距离地面较低,存在操作不方便问题,为此,建议在现场允许的情况下,参照人机工程学理论确定安装高度,以便于操作,并将其记录入产品手册。

此方案对比于方案一,仅多出传感器支架的制作成本,因此价格仅多出10元。

2)方案三

如果需要,可以在方案一或方案二的基础上增加遥控装置。

3）方案四

如果需要可选装不同种类的传感器模块，同时产品已经预留好安装孔位以备后续产品功能拓展与产品升级，加装不同种类的传感器，以满足更高的要求和更加多变的气候环境。

F1.2.4.3　确定方案

经与委托方商议沟通，最后选定方案二。

F1.2.4.4　制订售后服务及安装方案

（1）产品列入公司现有产品售后服务制度，提供现场免费安装。
（2）安装技术人员应具备相应的施工安装技术资格资质。
（3）现场工作人员应采取相应安全措施，如佩戴手套、安全帽等。
（4）钻孔应采取相应的降尘减噪措施，如湿水施工、佩戴口罩等。
（5）为减小对日常工作生活影响，施工时间尽量选择非休息时间进行。
（6）施工完毕，要及时对现场进行打扫清理及恢复。

F1.2.4.5　实施

按拟定的上门安装作业方案实施，重点关注安全、环保、健康等问题。

F1.2.4.6　项目验收交付细则

装调试用合格后，请公司相关部门进行验收，并签订验收单。

最后把包含有使用注意事项、服务三包等内容的使用说明书交给委托方，并对验收部门人员的疑问做相应解释等。

公司相关部门召开项目总结会议，肯定成绩，找出存在问题，以利下次取得更好的成绩。

至此项目结束。

F1.3 测试任务例3

F1.3.1 测试题目

测试任务：电动卷闸门设计与安装。

F1.3.2 测试任务描述

F1.3.2.1 情境描述

某单位车库出入电动卷闸门（见图F1-3-1）被撞坏，已无维修价值，需要重新设计安装。该单位找到M服务公司请求解决问题，并提出4天内恢复正常使用的愿望。公司业务部派技术人员到现场进一步了解到如下信息：

图 F1-3-1　电动卷闸门外观示意图

（1）卷闸门是以多关节活动的门片串联在一起，在固定的滑道内，以门上方卷轴为中心转动上下的门，如图F1-3-1所示。已知门洞宽2.5米，高2.7米。

（2）卷闸门电机可以继续使用。

（3）设计一套结构简单、安全可靠的电动卷闸门传动机构。

（4）尽量做到美观实用，结构简单，容易安装、维护。

（5）要具有防下坠、防砸车等功能。

（6）门体在轨道内运行轻快、平稳，输入功率小。

（7）要有紧急手动装置，以防止意外事件的发生。

(8) 要求该控制系统具有良好的适应性和扩展性，以满足远程遥控的需要。

(9) 乐意接受增强安全性的建议。

F1.3.2.2　任务要求

请您以项目经理的身份、技术人员的视角，设计电动卷闸门传动机构与电气控制系统，给出详细的设计方案，并对安装与施工做简要说明。尽可能详细拟订工作计划、设计制作方案和生产流程等，并做必要的成本分析。假如你还有其他问题，需要与委托方或其他用户或专业人员讨论，请你写下这些问题。请详细地陈述你的意见或建议并说明理由。

F1.3.2.3　劳动工具与辅助工具

可以使用手册、专业书籍、装有相关应用软件的计算机、计算器及有关的仪器仪表、装配工具等，也可以上网查找相关资料。

F1.3.3　问题解决空间与参考资料

F1.3.3.1　问题解决空间

1) 直观性

(1) 是否给出了电动卷闸门机构简图和安装流程图？

(2) 是否详细解释电动卷闸门的机构原理？

(3) 是否编写出一份一目了然的所用材料及部件的清单（如表格）？

(4) 是否画出了适当的电路控制图？

2) 功能性

(1) 从技术观点看，所提交的电动卷闸门机构是否有效？

(2) 是否具有防下坠、防砸车等功能？

(3) 所列的解释和描述在专业上是否正确？

3) 使用价值导向性

(1) 简图、流程图和解释是否能让外行人也能看得懂？

(2) 如何与电机等其他完好部分对接？

(3) 是否提出了超出客户愿望之外的建议（如开门速度与遥控距离）？

(4) 是否交给用户一份说明书，说明常见故障排除和日常维护？

4) 经济性

(1) 是否考虑到各种解决方案的费用和劳动投入量？

(2) 是否具有良好的性价比，是否有必要的成本分析？

(3) 为何要选择这种电动控制方式而不选液压、气动控制等？

(4) 是否考虑在开关卷闸门等待期间的节能问题？

5) 工作过程导向性

(1) 在解决方案中是否考虑到了客户的要求？

(2) 在安装时，是否考虑到与其他设备相配？

(3) 计划中是否考虑到如何向客户移交？

(4) 是否有进度表/工作计划？

6) 社会接受度

(1) 是否考虑到劳动保护的内容？

(2) 尽量做到美观实用，结构简单，容易安装、维护。

(3) 是否有紧急手动装置，以防止意外事件的发生？

(4) 是否考虑门体在轨道内运行轻快、平稳、输入功率小？

7) 环保性

(1) 安装过程中会产生噪声、震动，会产生废料，是否考虑了解决办法？

(2) 是否考虑现场施工安全通道设置？

8) 创新性

是否具有良好的适应性和扩展性，以满足特殊场合的需要。

F1.3.3.2 电动卷闸门参考图

1) 电动卷闸门外观参考图

电动卷闸门外观参考图见图 F1-3-2。

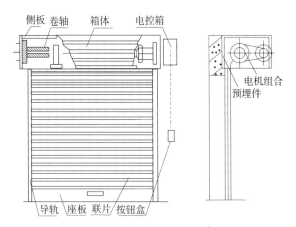

图 F1-3-2 电动卷闸门外观参考图

2) 电动卷闸门传动系统参考图

电动卷闸门传动系统参考图见图 F1-3-3。

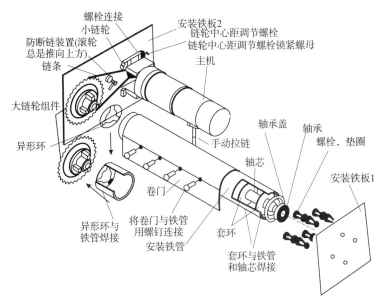

图 F1-3-3　电动卷闸门传动系统参考图

F1.4 测试任务例 4

F1.4.1 测试题目

测试任务：工业机器人装配与调试解决方案。

F1.4.2 测试任务描述

F1.4.2.1 情境描述

某机器人公司接到客户订单需求，需要装调完成如图 F1-4-1 所示的机器人（ER3B）10 台，并于 7 天内交付客户使用。经与客户沟通，明确如下信息：

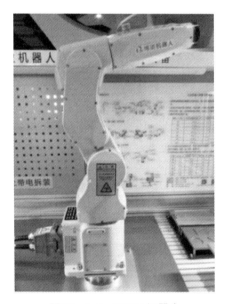

图 F1-4-1　ER3B 机器人

（1）尽量做到结构简单，容易安装、拆卸、维护。
（2）考虑客户车间存在突发停电的状况。
（3）出具一份装配可能遇到的机器人异响与电柜不上电问题的解决方法。（解决方法可参考 ER3B 典型故障描述及解决方法）

F1.4.2.2 任务要求

请您以项目经理的身份、技术人员的视角，制订一份经济、环保、合理的工业机器人产品装配与调试解决方案。尽可能详细拟订工作计划、设计制作方案和生产流程等，并做必要的成本分析。假如你还有其他问题，需要与委托方或其他用户或专业人员讨论，请你写下这些问题。请详细地陈述你的意见或建议并说明理由。

F1.4.2.3 劳动工具与辅助工具

可以使用手册、专业书籍、装有相关应用软件的计算机、计算器及有关的仪器仪表、装配工具等，也可以上网查找相关资料。

F1.4.3 问题解决空间与参考资料

F1.4.3.1 问题解决空间

1）直观性
（1）是否详细讲解了装配示意图或电路原理图及其他示意图？
（2）是否编写出一份一目了然的所用材料及部件的清单（如表格）？
（3）是否画出了适当的线路图？
（4）是否符合专业规范？

2）功能性
（1）从技术观点看，装配解决方案是否合理有效？
（2）所设计的装配流程是否合理？
（3）所列的解释和描述在专业上是否正确？
（4）是否能识别出各种解决方案的优缺点？

3）使用价值导向性
（1）解释和草图是否能让外行人也能看得懂？
（2）对用户而言，所设计的方案是否易于装配？
（3）是否提出了超出客户愿望之外的建议？
（4）是否交给用户一份说明书，使其了解当生产过程出现问题时如何应对（比如：装配和调试过程中出现突然断电，如何处理）？

4）经济性
（1）是否考虑到各种解决方案的费用和劳动投入量？
（2）装配调试是否具有经济性？
（3）为何要选择这种方案？

（4）是否提出节能问题、环保问题？

5）工作过程导向性

（1）在解决方案中是否考虑到了客户的要求？

（2）在确定装配工艺时，是否考虑到了后期的调试、维护与保养？

（3）计划中是否考虑到如何向客户移交？

（4）是否有进度表/工作计划？

6）社会接受度

（1）是否考虑到安全事故的内容？

（2）方案中有否人性化设计（如工作环境、场地设施）？

7）环保性

装配生产会产生废料，是否考虑了解决办法？

8）创造性

是否想到过创新的解决方案（如具有创意的精度检测方法等)？

F1.4.3.2 ER3B 机器人典型故障描述及解决方法参考表

ER3B 机器人故障描述及解决方法见表 F1-4-1。

表 F1-4-1 ER3B 机器人故障描述及解决方法

序号	故障描述	故障分析	解决方法
1	机器人异响	查看异响位置，从外观看是否装配正确	检查异响位置；进行正确连接
2	各轴间隙大	查看关节是否松动	调整皮带张力，紧固连接螺钉
3	轨迹偏移	各轴是否归零	按操作手册各轴归零
		程序设置错误	按编程手册纠正程序错误
4	电柜上电不动作	上主电机绿色灯是否变亮	急停释放，重新上电
		继电器是否点亮	检查交流接触器示教盒电路连接
		保险丝是否熔断	检查 F1、F2、FU1 三处保险丝
5	示教盒报警或界面卡死	线路是否连接正常	正确连接 24V 电源、网线
		软件系统是否启动	按操作手册正确启动

F1.5 测试任务例5

F1.5.1 测试题目

测试任务：移动机器人装配与调试解决方案。

F1.5.2 测试任务描述

F1.5.2.1 情境描述

某机械制造厂在生产中为了提高效率，需要装配一台能够完成运输任务的移动机器人，实现机器人自动供料运输任务。要求移动机器人接收到运输零件的命令后，可以自动完成零件的装载，并将零件运输到指定工位。公司技术部经与客户沟通，明确如下要求：

(1) 尽量使装配和调试步骤简单、清晰。
(2) 移动机器人可以实现手动操控完成运输任务。
(3) 移动机器人可以实现自动操控完成运输任务。
(4) 可以同时接收多个工位的运输请求任务。
(5) 出具一份工厂布局和移动机器人装配和调试的方案。
(移动机器人参考见图F1-5-1，工厂布局参考图见图F1-5-2)。

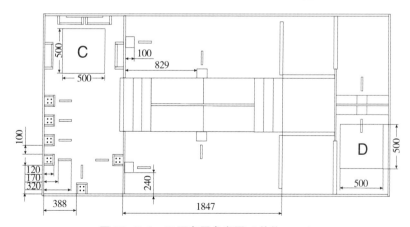

图 F1-5-1　MOB-1型移动机器人

图 F1-5-2　工厂布局参考图（单位：cm）

F1.5.2.2　任务要求

请您作为公司技术部项目主管,以技术人员的视角,制订一份经济、环保、合理的MOB-1型移动机器人装配与调试方案。尽可能详细拟订工作计划、设计制作方案和生产流程等,并做必要的成本分析。如果你还有其他问题要向委托人、用户或者其他专业人士提出,请将这些问题写下来,以便进行协调沟通。请详细地陈述你的意见或建议并说明理由。

F1.5.2.3　劳动工具与辅助工具

可以使用手册、专业书籍、装有相关应用软件的计算机、计算器及有关的仪器仪表、装配工具等,也可以上网查找相关资料。

F1.5.3　问题解决空间与参考资料

F1.5.3.1　问题解决空间

1）直观性

(1) 解决方案的表述是否容易理解?是否从专业角度恰当地描述了解决方案?

(2) 是否直观形象地说明了任务的解决方案?解决方案的层次结构是否分明?描述解决方案的条理是否清晰?

(3) 解决方案是否与专业规范或技术标准相符合?(从理论、实践、制图、数学和语言方面)

2）功能性

(1) 解决方案是否满足功能性要求?是否达到"技术先进水平"(如:图像识别等)?

(2) 解决方案是否可以实施?是否(从职业活动的角度)说明了理由?

(3) 表述的解决方案是否正确?

3）使用价值导向性

(1) 解决方案是否提供方便的保养和维修?是否考虑到功能扩展的可能性(如:工厂)?

(2) 解决方案中是否考虑到如何避免干扰并且说明了理由?

(3) 解决方案是否方便、易于使用?是否具有使用价值(如:设备)?

4）经济性

(1) 实施解决方案的成本是否较低?是否考虑到企业投入与收益之间的关系并说明理由?是否考虑到后续成本并说明理由?

(2) 时间与人员配置是否满足实施方案的要求?是否考虑到实施方案过程(工作过程)的效率?

5）工作过程导向性

(1) 解决方案是否适应企业的生产流程和组织架构？是否以工作过程知识为基础？是否考虑到上游和下游的生产流程并说明理由？是否考虑到超出本职业工作范围的内容？

(2) 解决方案是否反映出与职业典型的工作过程相关的能力？

6）社会接受度

(1) 解决方案在多大程度上考虑到人性化的工作设计和组织设计方面的可能性？是否考虑到健康保护方面的内容并说明理由？是否注意到工作安全和事故防范方面的规定与准则？

(2) 是否考虑到人体工程学方面的要求并说明理由？

(3) 解决方案在多大程度上考虑到对社会造成的影响？

7）环保性

(1) 是否考虑到环境保护方面的相关规定并说明理由？在多大程度上考虑到环境友好的工作设计？

(2) 解决方案是否考虑到所用材料是否符合环境可持续发展的要求？是否考虑到废物的回收和再利用并说明理由？是否考虑到节能和能量效率的控制？

8）创新性

(1) 解决方案是否包含特别的和有意思的想法？是否形成一个既有新意同时又有意义的解决方案？是否具有创新性？

(2) 解决方案中，是否充分利用了任务所提供的设计（创新）空间？是否显示出对问题的敏感性？

F1.5.3.2 MOB-1 移动机器人装配主要配件列表

MOB-1 移动机器人装配主要配件列表见表 F1-5-1。

表 F1-5-1 MOB-1 移动机器人装配主要配件列表

序号	机构名称	机构主要配件	备注
1	移动机器人底盘机构	底盘支架	
		直流减速电机	
		车轮	
		传感器	超声波、红外、QTI
2	提升机构	升降装置	
		电气安装支架	
3	手爪机构	加紧和松开装置	
		摄像头及舵机	
		图传装置	
4	电气部分装配	主控制器	
		驱动板	
		供电电源	
		开关按钮板	

F1.6 测试任务例 6

F1.6.1 测试题目

测试任务：全自动车牌识别车道闸的设计与安装。

F1.6.2 测试任务描述

F1.6.2.1 情境描述

某单位停车场出入通道车牌识别全自动车道闸（原貌如图 F1-6-1 所示）被撞坏，已无维修价值，需要重新设计安装。该单位找到 M 服务公司请求解决问题，并提出 4 天内恢复正常使用的愿望。公司业务部派技术人员到现场进一步了解到如下信息：

图 F1-6-1 双向车道闸

(1) 已知通道总宽 6 米，高 2.5 米，为出入两车道。
(2) 车牌识别系统其他部分都完好，可以继续使用。
(3) 设计一套结构简单、安全可靠的车道闸运动机构。
(4) 尽量做到美观实用，结构简单，容易安装、维护。
(5) 要具有防抬杆、防砸车等功能。
(6) 道闸运行轻快、平稳、输入功率小。
(7) 要有紧急手动装置，以防止意外事件发生。
(8) 要求该道闸系统具有良好的适应性和扩展性，以满足特殊场合的需要。

(9) 乐意接受增强安全性的建议。

F1.6.2.2　任务要求

请您以项目经理的身份、技术人员的视角，设计并绘制车道闸机构的原理简图，给出详细的设计方案，并对安装与施工做简要说明。尽可能详细拟订工作计划、设计制作方案和生产流程等，并做必要的成本分析。假如你还有其他问题，需要与委托方或者其他用户或专业人员讨论，请你写下这些问题。请详细地陈述你的意见或建议并说明理由。

F1.6.2.3　劳动工具与辅助工具

可以使用手册、专业书籍、计算器、装有相关应用软件的计算机及有关的仪器仪表等，也可以上网查找相关资料。

F1.7 测试任务例 7

F1.7.1 测试题目

测试任务：金属垫片冲压工艺分析及模具设计与制作。

F1.7.2 测试任务描述

F1.7.2.1 情境描述

某公司接到订单，产品是如图 F1-7-1 所示的金属垫片，需要采用冲孔落料模具实现大批量生产，材料为 Q235 普通碳素结构钢，厚度为 2 mm。从图上看，该垫片两端有直径为 10 mm 的孔，在转角有四处 R2 圆角；除了孔边距为 $12_{-0.11}^{0}$ mm，其他所有未注公差的尺寸，属于自由尺寸，可按照 IT14 级确定工件尺寸的公差。

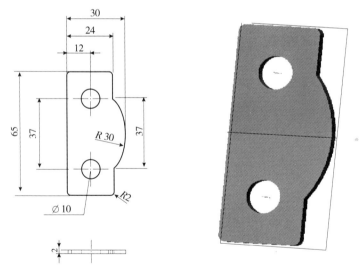

图 F1-7-1 需要冲孔的金属垫片

F1.7.2.2 任务要求

请您以项目经理的身份、技术人员的视角，制订一份经济、环保、合理的产品冲压工艺及模具设计与制作方案。注意分析冲压件的形状特点、尺寸大小、精度要求、材料性能等因素是否符合冲压工艺的要求，并进行模具主要结构的设计和制作说明；并根据冲压件的生产批量、冲压工艺及模具制作和寿命等因素分析产品成本。如果你还有其他问题要向委托人、用户或者其他专业人士提出，请将这些问题写下来，以便进行协调沟通。请详细地陈述你的意见或建议并说明理由。

F1.7.2.3 劳动工具与辅助工具

可以使用手册、专业书籍、装有相关应用软件的计算机、计算器及有关的仪器仪表、装配工具等，也可以上网查找相关资料。

F1.8 测试任务例8

F1.8.1 测试题目

测试任务：无人机装调与应用。

F1.8.2 测试任务描述

F1.8.2.1 情境描述

公司接到任务：用无人机为某景区喷洒农药。在与景区负责人讨论时，明确了以下几点信息：

（1）需喷农药的区域，面积约500亩，长约1 000米，宽约500米，高差约200米；内有各种景观树高1~15米不等；半山腰有清泉一处，溪水宽2~3米，流至山脚；山脚至山顶主干道2条，宽约2米；山顶有一高约20米的无线信号发射塔。

（2）近期以晴朗天气为主。

（3）每亩喷洒农药量为3升，均匀喷洒。

（4）10天内完成。

（5）尽量避免喷洒到小溪、人员和道路上。

（6）公司库存有无人机套件及相关农药喷洒装置。

F1.8.2.2 任务要求

请您以项目经理的身份、技术人员的视角，设计、组装一套无人机，用于所述区域喷洒农药，防治病虫害。请你尽可能详细给出组装农药喷洒无人机技术方案、工作计划、喷洒农药作业方案等，并做必要的成本分析。如果你还有其他问题要向委托人、用户或者其他专业人士提出，请将这些问题写下来，以便进行协调沟通。请详细地陈述你的意见或建议并说明理由。

F1.8.2.3 劳动工具与辅助工具

可以使用手册、专业书籍、装有相关应用软件的计算机、计算器及有关的仪器仪表、装配工具等，也可以上网查找相关资料。

F1.9　测试任务例 9

F1.9.1　测试题目

测试任务：发动机水温过高故障诊断与排除。

F1.9.2　测试任务描述

F1.9.2.1　情境描述

烈日炎炎，气象台预报最高温度35℃，长沙市民陈先生开车到市区办事，在等红绿灯过程中发现水温表指示异常并处于红色警告区域。陈先生立即将车靠边并在树荫下停下，经检查冷却液液位正常，休息一段时间后水温指示正常。继续行驶很快又出现类似现象，遂打电话到4S店求助。

陈先生所驾车辆为速腾乘用车，行驶 124 400 公里，车主由于工作需要，平时用车频繁，且长时间在多个小修理店进行维修保养，曾多次自行添加当地山泉水以补充冷却液。在与陈先生沟通的过程中，发现陈先生对新事物新技术比较容易接受。

F1.9.2.2　任务要求

您需要制订一份完整而详细的解决方案，尽可能详细拟订工作计划、技术方案和生产流程等，并做必要的成本分析。如果您还有附加问题需要询问顾客或其他专业人员，请您把这些问题整理成一份提纲，以便面谈时进行沟通和协调。请详细地陈述你的意见或建议并说明理由。

F1.9.2.3　劳动工具与辅助工具

可以使用手册、专业书籍、计算器、装有相关应用软件的计算机、个人笔记、专用工具及有关的仪器仪表等，也可以上网查找相关资料。

F1.10 测试任务例 10

F1.10.1 测试题目

测试任务：汽车离合器打滑故障诊断与排除。

F1.10.2 测试任务描述

F1.10.2.1 情境描述

张女士最近发现车辆每次起步时感觉离合器踏板抖动厉害，且踩下离合器踏板时伴随"咯塔，咯塔"的异响声。张女士还发现车辆行驶加速过程中，汽车车速对应于发动机转速而言，响应迟钝，跟以前相比同车速下发动机转速高出许多（每个挡位都是如此）。

该车是第四代手动挡高尔夫（Golf 4），已行驶 8 年，共行驶 68 000 公里，日常保养较好。经维修技师检查发动机无故障代码输出，需要进一步试车检验确定故障。另外，客户对迈腾车很感兴趣。

F1.10.2.2 任务要求

请您推断该车主有哪些明显的驾驶习惯以及由此造成的后果，注意对自己的观点做全面而细致的说明，并制定一份完整而详细的解决方案，尽可能详细拟订工作计划、技术方案和生产流程等，并做必要的成本分析。如果您还有附加问题需要询问顾客或其他专业人员，请您把这些问题整理成一份提纲，以便面谈时进行沟通和协调。请详细地陈述你的意见或建议并说明理由。

F1.10.2.3 劳动工具与辅助工具

回答上述问题时，你可以使用手册、专业书籍、计算器、装有相关应用软件的计算机、个人笔记、专用工具及有关的仪器仪表等，也可以上网查找相关资料。

F1.11　测试任务例11

F1.11.1　测试题目

测试任务：汽车空调冷气效果不好故障诊断与排除。

F1.11.2　测试任务描述

F1.11.2.1　情境描述

6月20日，武汉市民李先生开车接孩子放学，天气预报最高温度34 ℃，孩子嚷着要求开空调。李先生打开空调后将风机速度开到最大，可车内温度始终降不下来，出风口出风时冷时热。无奈只能通过开窗产生自然风进行降温。第二天李先生将车开到维修站要求维修。

该车为一辆日产蓝鸟车，已行驶186 000公里，日常保养比较准时。去年该车曾因追尾交通事故进行过一次维修。在与李先生沟通的过程中，发现李先生对新事物新技术比较容易接受。

F1.11.2.2　任务要求

请你制订一份完整而详细的解决方案，并对其进行全面而细致的说明。尽可能详细拟订工作计划、技术方案和生产流程等，并做必要的成本分析。如果您还有附加问题需要询问顾客或其他专业人员，请您把这些问题整理成一份提纲，以便面谈时进行沟通和协调。请详细地陈述你的意见或建议并说明理由。

F1.11.2.3　劳动工具与辅助工具

回答上述问题时，你可以使用手册、专业书籍、计算器、装有相关应用软件的计算机、个人笔记、专用工具及有关的仪器仪表等，也可以上网查找相关资料。

F1.12　测试任务 12

F1.12.1　测试题目

测试任务：农村家用除草机联轴器设计。

F1.12.2　测试任务描述

F1.12.2.1　情境描述

张小明同学家五年前采购了一台家用除草机，用于种植园内草坪除草用。该机构存在缺陷，当碰到硬物品时联轴器容易断裂，除草时触碰到园内栅栏，致使除草机发动机到除草机构处的连接轴断裂，因市场上无法买到相应的配件，为修复该除草机，需要根据原连接轴重新设计一个特有的联轴器，既能保证功能实现，又能满足强度要求。张小明爸爸找到 M 服务公司请求解决问题，并提出 5 天内恢复正常使用的愿望。公司业务部派技术人员到现场进一步了解到如下信息：

（1）除联轴器以外，其余部分可以继续使用。
（2）尽量做到结构简单、实用，易安装、维护。
（3）达到原有的除草效果，保证良好的传动效率。
（4）新的联轴器，一方面从结构和材料上提高联轴器的刚性和强度，同时设计机构的自我保护功能，当遇到硬物品时能自动停机，防止过载。

F1.12.2.2　任务要求

请您以项目经理的身份、技术人员的视角，制订一份经济、环保、合理的设计制作方案。尽可能详细拟订工作计划、设计方案和生产流程等，并做必要的成本分析。假如你还有其他问题，需要与委托方或者其他企业的用户或专业人员讨论，请你写下这些问题，以便沟通。请详细地陈述你的意见或建议并说明理由。

F1.12.2.3　劳动工具与辅助工具

为完成任务，允许使用常用的辅助工具，如手册、专业书籍、通用量具、笔记、计算器、装有相关应用软件的计算机等，也可以上网查找相关资料。

F1.13　测试任务13

F1.13.1　测试题目

测试任务：金砖国家峰会国旗升降系统设计与制作。

F1.13.2　测试任务描述

F1.13.2.1　情境描述

金砖国家每年都要举行一次盛大的峰会，为了便于各国国旗的升降，现需要设计制作一套户外旗杆上的旗帜升降系统。该系统要求设计合理、结构简单、安全可靠、节省人力。公司业务部派技术人员到现场进一步了解到如下信息：

（1）尽量做到美观实用，结构简单，容易安装、维护。
（2）保证良好的传动效率。
（3）从结构上保证操作人员安全，在控制上设极限位置保护和过载保护功能。
（4）要求升旗时能同步播放相应国家的国歌并准确控制时间。
（5）要求该升降系统具有良好的适应性和扩展性，以满足其他国际会议和室内升降旗的需要。

F1.13.2.2　任务要求

请您以项目经理的身份、技术人员的视角，设计一套经济实用、动作合理、安全可靠的升降旗机构及控制系统，并对机构的基本工作原理和控制原理做简要说明。尽可能详细地拟订实现对该机构具体要求的工作计划、设计制作方案、生产流程等，并做必要的成本分析。假如你还有其他问题，需要与委托方或其他用户或专业人员讨论，请你写下这些问题。请详细地陈述你的意见或建议并说明理由。

F1.13.2.3　劳动工具与辅助工具

为完成任务，允许使用常用的辅助工具，如手册、专业书籍、通用量具、笔记、计算器、装有相关应用软件的计算机等，也可以上网查找相关资料。

附件2　调查问卷题例

F2.1　问卷题例1

适用专业：机电一体化技术专业。

F2.1.1　毕业生调查问卷（已毕业半年以上的学生用）

亲爱的同学，您好！

感谢您阅读我们的问卷。本次调查主要用于研究，我们对您的答卷绝对保密，并且保证您的回答不会对您和他人带来任何不利的影响，请您如实填写这份问卷，谢谢！

1）您的职称

A. 初级及以下　　B. 中级　　　　C. 高级

2）您的工作年限

A. 2年以内　　　B. 2～5年　　　C. 5～10年　　　D. 10年以上

3）您的从业范围

A. 装备制造行业　　　　　　　　B. 轻工行业

C. 机电设备安装与维护　　　　　D. 其他＿＿＿＿＿＿＿

4）您认为最有用的通识知识

A. 英语　　　　B. 数学　　　　C. 政治　　　　D. 体育

E. 计算机文化基础

5）您认为最有用的专业基础知识

A. 机械制图　　B. 机械基础　　C. 机械设计基础　　D. 电工电子技术

6）您认为最有用的专业知识

A. 机械制造技术　B. 液压与气压传动　C. 数控机床　　D. 电气控制与PLC

7）您认为最有用的专业拓展知识

A. CAD/CAM软件　B. 单片机　　C. 冲压模具设计　　D. 光机电一体化

8）最重要的专业基本能力

A. 识图与制图能力　　　　　　　B. CAD绘图能力

C. 机械设计能力　　　　　　　　D. 电气安装能力

9）最重要的专业核心能力

　　A. 机械加工能力　　　　　　　　B. 设备安装维修能力

　　C. 数控机床操作能力　　　　　　D. 设备管理能力

10）最重要的基本素质

　　A. 人文素质　　　B. 心理健康　　　C. 身体健康

　　D. 人生态度　　　E. 其他：_____

11）最重要的职业素质

　　A. 责任心　　　　B. 事业心　　　　C. 协作精神

　　D. 爱岗敬业　　　E. 其他：_____

12）您认为好的教学方法

　　A. 填鸭式　　　　B. 讨论式　　　　C. 项目式（边做边学）

　　D. 案例分析　　　E. 应该是多种方式的结合

13）您认为哪个更重要

　　A. 理论　　　　　B. 实践　　　　　C. 理论和实践都很重要

14）您认为工作中最重要的素质是

　　A. 职业素质　　　B. 基本素质　　　C. 职业技能　　　D. 人脉关系

15）您认为在母校读书这几年对您现在工作的影响

　　A. 很有用　　　　B. 有用　　　　　C. 作用不大　　　D. 无用

16）您认为刚毕业的学生最缺乏的是

　　A. 吃苦耐劳的精神　　　　　　　　B. 理论知识

　　C. 实践能力　　　　　　　　　　　D. 信心和胆量（对自己的定位）

17）您认为刚毕业的学生应该追求

　　A. 高工资　　　　B. 舒适工作环境　C. 吃苦耐劳学东西　D. 无所谓

18）在校的 3 年，您感觉

　　A. 充实/有意义　　B. 达到目的　　　C. 基本达到目的　　D. 没学到东西

19）您所学专业就业

　　A. 有发展前景　　B. 工作面窄　　　C. 过得去　　　　　D. 其他

20）如果重新选择您会怎么选

　　A. 复读　　　　　B. 直接就业　　　C. 还是读高职

感谢您对母校的关心和帮助！谢谢！

F2.1.2　专业教学质量调查问卷（已毕业半年以上的学生用）

亲爱的同学：您好！

　　为了全面、客观、公正地评价本校人才培养质量，完善质量监控与评估体系，推动教学改革，提升毕业生的培养质量和就业竞争力，我们设计了这份关于专业教学质量的调查问卷，希望通过本次问卷调查了解您学习专业课程以及对教学质量评价的有关情况。请按要求回答，答案没有正确与错误之分，您的回答对于这次调查是否获得成功十分重要。谢谢！

请在选项上打"√"。其中：A 满意（正确、好、高）、B 较好（较高）、C 一般（还行）、D 不满意。

问题	单选答案				意见或建议
本专业的培养目标明确、具体、符合社会需求	A	B	C	D	
专业课程的教学目标清晰	A	B	C	D	
专业课程的学习满足您对专业学习的需求	A	B	C	D	
您对本专业的了解和喜爱程度	A	B	C	D	
课程的理论教学和实践教学时间的比例合理	A	B	C	D	
实验实训教学项目数量合适	A	B	C	D	
实验实训教学设备数量满意	A	B	C	D	
比起理论性课程，您更喜欢操作性课程	A	B	C	D	
不开设理论课程，只开设操作性课程	A	B	C	D	
您对核心课程"PLC 原理及应用"课程教学的满意度	A	B	C	D	
您对核心课程"液压与气动技术应用"课程教学的满意度	A	B	C	D	
您对核心课程"机械制造技术分析与实践"课程教学的满意度	A	B	C	D	
您对核心课程"数控机床操作与维护"课程教学的满意度	A	B	C	D	
您对核心课程"机械装置与零件设计"课程教学的满意度	A	B	C	D	
您对核心课程"机电设备安装与维护"课程教学的满意度	A	B	C	D	
专业拓展课"机床数控系统检修与调试"课程教学的满意度	A	B	C	D	
专业拓展课"自动化生产线安装与调试"课程教学的满意度	A	B	C	D	
专业拓展课"柔性制造系统安装与调试"课程教学的满意度	A	B	C	D	
专业拓展课"工业机器人安装与调试"课程教学的满意度	A	B	C	D	
专业老师的基础理论和专业技能掌握较好	A	B	C	D	
任课教师在课堂教学中做到突出重点、化解难点、讲授熟练、清晰透彻	A	B	C	D	
专业课程的教师能指导操作性实训并进行正规示范	A	B	C	D	
任课教师及时更新内容，介绍学科新动态、新发展、理论联系实际	A	B	C	D	
任课教师课堂教学方法能够引起学生的学习兴趣	A	B	C	D	
老师在教学中善于启发学生思维	A	B	C	D	
老师正确解答学生提出的疑难问题	A	B	C	D	
老师关心学生学习或生活情况	A	B	C	D	
课堂上的学习气氛活跃	A	B	C	D	
您对本专业的学习积极性高	A	B	C	D	
您学习本专业的目的是就业	A	B	C	D	
与进校时相比，通过 3 年的学习，您的知识和能力得到提高	A	B	C	D	

续表

问题	单选答案				意见或建议
通过3年的专业学习，您的就业信心十足	A	B	C	D	
有必要安排毕业设计	A	B	C	D	
毕业设计的满意程度	A	B	C	D	
期待着顶岗实习	A	B	C	D	
您对本专业的培养质量满意程度	A	B	C	D	
您对学校、专业的满意程度	A	B	C	D	
您对本问卷是否满意	A	B	C	D	
您对本专业的教师满意程度	A	B	C	D	
您认为您的专业课老师不足之处是					
您的意见或建议					

F2.1.3　专业人才需求与毕业生质量调查表（用人单位专用）

F2.1.3.1　专业人才需求与岗位调查表

调查企业		邮编		地址	
填表人		职务		电话	
近3年内对高职层次专业人才需求	需求：□1~3人；□4~6人；□7~10人；□更多人				
	变化趋势：□上升；□下降；□无变化				
	薪酬标准：□4 000元以下；□4 000~6 000元；□6 000~8 000元；□更多				
能为该专业学生提供哪些类型的工作岗位	□设备操作员　　　□设备装调员　　　□设备运维员				
	□资料员　　　　　□技术助理　　　　□质检员				
	□工艺员　　　　　□营销员				
	还能为该专业学生提供的工作岗位有：				
企业认为该专业的学生最应具备的三项能力	□具有识读和测绘工程图的能力　　□具有生产组织的能力				
	□具有设备维护的能力　　　　　　□具有工艺规程编写能力				
	□具有设备操作的能力　　　　　　□具有获取相关信息资料的能力				
	□专业软件应用能力　　　　　　　□具有技术开发能力				
	该专业学生还应具备的能力有：				

续表

企业认为该专业学生最需学习的5门课程	☐机械设计基础 ☐机械制造技术 ☐机床夹具设计 ☐PLC应用技术 ☐单片机技术 ☐机械CAD/CAM应用	☐机械基础 ☐公差测量 ☐液压与气动 ☐电工电子 ☐生产管理 ☐机电设备安装与维护	☐机械制图与CAD ☐数控机床操作与维护 ☐工业机器人安装与调试 ☐工业自动化应用技术 ☐电机控制系统安装与调试
	企业认为该专业学生还需学习的课程有：		
其他建议			

注意：调查目的是及时了解行业企业对本专业人才需求状况，收集本专业人员从业岗位范围，明确行业企业对专业技术人员培养所需的专业知识、能力、素质的要求，以便指导我们加强专业建设和教学改革，提高人才培养的工作水平，感谢支持。

F2.1.3.2 毕业生质量调查表

单位名称	
单位性质	☐民营企业 ☐国有企业 ☐机关事业 ☐三资企业 ☐股份制企业
毕业生工作时间跨度	☐1~6年 ☐2~8年 ☐3~10年
毕业生专业对口情况	☐完全对口 ☐基本对口 ☐不对口
您认为学生所学专业	☐适应工作需要 ☐基本适应工作需要 ☐与社会需求距离较大
您认为我院毕业生具备了哪些方面的专业能力？	☐识读和绘制零件图和装配图的能力　☐生产组织的能力 ☐编制零件加工工艺规程的能力　☐生产管理与设备管理的能力 ☐设备操作的能力　☐设备维修能力 ☐设备安装与维护能力　☐产品设计能力 ☐较强的协调、管理、沟通能力　☐资料管理能力 ☐获取相关信息资料的能力　☐专业软件应用的能力 其他能力：
您认为我院毕业生应加强哪方面的专业能力？	☐识读和绘制零件图和装配图的能力　☐生产组织的能力 ☐编制零件加工工艺规程的能力　☐生产管理与设备管理的能力 ☐设备操作的能力　☐设备维修能力 ☐设备安装与维护能力　☐产品设计能力 ☐较强的协调、管理、沟通能力　☐资料管理能力 ☐获取相关信息资料的能力　☐专业软件应用的能力 其他能力：

续表

您认为我院毕业生应该加强哪些社会能力和素质？	□责任与担当　　　□爱岗与敬业　　　□吃苦耐劳 □积极主动　　　　□团队协作　　　　□语言表达 □书面表达　　　　□对信息收集与整理能力　□发现与解决问题能力 □抗压能力　　　　□自我学习能力　　□阅读与理解能力 □规划与执行能力　□创新思考能力　　□领导团队能力 其他能力和素质：
您对我院机电一体化技术专业的毕业生有何建议？	

注意：1. 调查目的：及时了解本专业毕业生的就业对口情况，明确行业企业对专业技术人员培养所需的能力要求，以便指导我们加强专业建设和教学改革，提高人才培养的工作水平，感谢支持。

2. 调查人员：教师或者毕业生。

3. 请盖单位/部门公章。

F2.2　问卷题例 2

适用专业：机械制造及自动化专业。

F2.2.1　毕业生调查问卷（已毕业半年以上的学生用）

亲爱的同学，您好！

　　感谢您阅读我们的问卷。本次调查主要用于研究，我们对您的答卷绝对保密，并且保证您的回答不会对您和他人带来任何不利的影响，请您如实填写这份问卷，谢谢！

1）您的职称

　A. 初级及以下　　B. 中级　　　　C. 高级

2）您的工作年限

　A. 2 年以内　　　B. 2~5 年　　　C. 5~10 年　　　D. 10 年以上

3）您的从业范围

　A. 装备制造行业　　　　　　　　B. 产品装配行业

　C. 设备安装与维护　　　　　　　D. 其他_____

4）您认为最有用的通识知识

　A. 英语　　　　　B. 数学　　　　C. 政治　　　　D. 体育

　E. 计算机文化基础

5）您认为最有用的专业基础知识

　A. 制图与 CAD　　B. 机械基础　　C. 机械设计基础　　D. 电工电子技术

6）您认为最有用的专业知识

　A. 机械制造技术　　　　　　　　B. 液压与气压传动

　C. 数控机床操作与维护　　　　　D. 机床电气控制

7）您认为最有用的专业拓展知识

　A. 看图与造型　　　　　　　　　B. CAD 技术应用

　C. 三维造型软件应用　　　　　　D. 夹具设计

8）最重要的专业基本能力

　A. 识图与制图能力　　　　　　　B. CAD 绘图能力

　C. 机械设计能力　　　　　　　　D. 电气安装能力

9）最重要的专业核心能力

　A. 机械加工能力　　　　　　　　B. 设备安装维修能力

　C. 数控机床操作能力　　　　　　D. 产品设计能力

10）最重要的基本素质

　　A. 人文素质　　　　B. 心理健康　　　　C. 身体健康

　　D. 人生态度　　　　E. 其他：_____

11）最重要的职业素质

　　A. 责任心　　　　　B. 事业心　　　　　C. 协作精神

　　D. 爱岗敬业　　　　E. 其他：_____

12）您认为好的教学方法

　　A. 填鸭式　　　　　B. 讨论式　　　　　C. 项目式（边做边学）

　　D. 案例分析　　　　E. 应该是多种方式的结合

13）您认为哪个更重要

　　A. 理论　　　　　　B. 实践　　　　　　C. 理论和实践都很重要

14）您认为工作中最重要的素质是

　　A. 职业素质　　　　B. 基本素质　　　　C. 职业技能　　　　D. 人脉关系

15）您认为在母校读书这几年对您现在工作的影响如何

　　A. 很有用　　　　　B. 有用　　　　　　C. 作用不大　　　　D. 无用

16）您认为刚毕业的学生最缺乏的是

　　A. 吃苦耐劳的精神　　　　　　　　　　B. 理论知识

　　C. 实践能力　　　　　　　　　　　　　D. 信心和胆量（对自己的定位）

17）您认为刚毕业的学生应该追求

　　A. 高工资　　　　　B. 舒适工作环境　　C. 吃苦耐劳学东西　D. 无所谓

18）在校的3年，您感觉

　　A. 充实/有意义　　 B. 达到目的　　　　C. 基本达到目的　　D. 没学到东西

19）您所学专业就业

　　A. 有发展前景　　　B. 工作面窄　　　　C. 过得去　　　　　D. 其他

20）如果重新选择您会怎么选

　　A. 复读　　　　　　B. 直接就业　　　　C. 还是读高职

感谢您对母校的关心和帮助！谢谢！

F2.2.2　专业教学质量调查问卷（已毕业半年以上的学生用）

亲爱的同学：您好！

　　为了全面、客观、公正地评价本校人才培养质量，完善质量监控与评估体系，推动教学改革，提升毕业生的培养质量和就业竞争力，我们设计了这份关于专业教学质量的调查问卷，希望通过本次问卷调查了解您学习专业课程以及对教学质量评价的有关情况。请按要求回答，答案没有正确与错误之分，您的回答对于这次调查是否获得成功十分重要。谢谢！

请在选项上打"√"。其中：A 满意（正确、好、高）、B 较好（较高）、C 一般（还行）、D 不满意。

问题	单选答案				意见或建议
本专业的培养目标明确、具体、符合社会需求	A	B	C	D	
专业课程的教学目标清晰	A	B	C	D	
专业课程的学习满足您对专业学习的需求	A	B	C	D	
您对本专业的了解和喜爱程度	A	B	C	D	
课程的理论教学和实践教学时间的比例合理	A	B	C	D	
实验实训教学项目数量合适	A	B	C	D	
实验实训教学设备数量满意	A	B	C	D	
比起理论性课程，您更喜欢操作性课程	A	B	C	D	
不开设理论课程，只开设操作性课程	A	B	C	D	
您对核心课程"液压与气动技术应用"课程教学的满意度	A	B	C	D	
您对核心课程"机械制造技术分析与实践"课程教学的满意度	A	B	C	D	
您对核心课程"数控机床操作与维护"课程教学的满意度	A	B	C	D	
您对核心课程"机械装置与零件设计"课程教学的满意度	A	B	C	D	
您对核心课程"CAM 技术应用"课程教学的满意度	A	B	C	D	
专业拓展课"生产过程控制技术"课程教学的满意度	A	B	C	D	
专业拓展课"机械创新设计"课程教学的满意度	A	B	C	D	
专业拓展课"看图与造型"课程教学的满意度	A	B	C	D	
专业拓展课"夹具设计"课程教学的满意度	A	B	C	D	
专业老师的基础理论和专业技能掌握较好	A	B	C	D	
任课教师在教学中做到突出重点，化解难点，讲授熟练，清晰透彻	A	B	C	D	
专业课程的教师能指导操作性实训并进行正规示范	A	B	C	D	
任课教师及时更新内容，介绍学科新动态、新发展、理论联系实际	A	B	C	D	
任课教师课堂教学方法能够引起学生的学习兴趣	A	B	C	D	
老师在教学中善于启发学生思维	A	B	C	D	
老师正确解答学生提出的疑难问题	A	B	C	D	
老师关心学生学习或生活情况	A	B	C	D	
课堂上的学习气氛活跃	A	B	C	D	
您对本专业的学习积极性高	A	B	C	D	
您学习本专业的目的是就业	A	B	C	D	
与进校时相比，通过 3 年的学习，您的知识和能力得到提高	A	B	C	D	
通过 3 年的专业学习，您的就业信心十足	A	B	C	D	
有必要安排毕业设计	A	B	C	D	
毕业设计的满意程度	A	B	C	D	
期待着顶岗实习	A	B	C	D	

续表

问题	单选答案				意见或建议
您对本专业的培养质量满意程度	A	B	C	D	
您对学校、专业的满意程度	A	B	C	D	
您对本问卷是否满意	A	B	C	D	
您对本专业的教师满意程度	A	B	C	D	
您认为您的专业课老师不足之处是					
您的意见或建议					

F2.2.3　专业人才需求与毕业生质量调查表（用人单位用）

F2.2.3.1　专业人才需求与岗位调查表

调查企业		邮编		地址	
填表人		职务		电话	
近3年内对高职层次专业人才需求	需求：□1~3人；□4~6人；□6~10人；□更多人				
	变化趋势：□上升；□下降；□无变化				
	薪酬标准：□4 000元以下；□4 000~6 000元；□6 000~8 000元；□更多				
能为该专业学生提供哪些类型的工作岗位	□设备操作员　　□设备装调员　　□设备运维员				
	□生产管理员　　□品质管理助理　□技术管理员				
	□工艺员　　　　□设计员				
	还能为该专业学生提供的工作岗位：				
企业认为该专业的学生最应具备的三项能力	□具有识读和测绘工程图的能力　　□具有生产组织的能力				
	□具有设备维护的能力　　　　　　□具有工艺规程编写能力				
	□具有设备操作的能力　　　　　　□具有获取相关信息资料的能力				
	□专业软件应用能力　　　　　　　□具有技术开发能力				
	该专业学生还应具备的能力：				

续表

企业认为该专业学生最需学习的5门课程	☐机械制图与CAD ☐机械制造技术 ☐机床夹具设计 ☐机械创新设计 ☐生产过程控制技术 企业认为该专业学生还需学习的课程：	☐机械基础 ☐电工电子 ☐生产管理 ☐测绘实训 ☐机械CAD/CAM应用	☐机械设计与应用 ☐液压与气动 ☐数控编程加工 ☐数控机床操作与维护	☐公差测量 ☐机电设备安装与维护 ☐减速器设计
其他建议				

注意：调查目的是及时了解行业企业对本专业人才需求状况，收集本专业人员从业岗位范围，明确行业企业对专业技术人员培养所需的专业知识、能力、素质的要求，以便指导我们加强专业建设和教学改革，提高人才培养的工作水平，感谢支持。

F2.2.3.2 毕业生质量调查表（机械制造及自动化专业专用）

单位名称	
单位性质	☐民营企业 ☐国有企业 ☐机关事业 ☐三资企业 ☐股份制企业
毕业生工作时间跨度	☐1~6年 ☐2~8年 ☐3~10年
毕业生专业对口情况	☐完全对口 ☐基本对口 ☐不对口
您认为学生所学专业	☐适应工作需要 ☐基本适应工作需要 ☐与社会需求距离较大
您认为我院毕业生具备了哪些方面的专业能力？	☐识读和绘制零件图和装配图的能力 ☐生产组织的能力 ☐编制零件加工工艺规程的能力 ☐生产管理与设备管理的能力 ☐设备操作的能力 ☐设备维修能力 ☐设备安装与维护能力 ☐产品设计能力 ☐较强的协调、管理、沟通能力 ☐资料管理能力 ☐获取相关信息资料的能力 ☐专业软件应用的能力 ☐较强的服务意识、责任感 ☐良好的职业道德 其他能力：
您认为我院毕业生应加强哪方面的专业能力？	☐识读和绘制零件图和装配图的能力 ☐生产组织的能力 ☐编制零件加工工艺规程的能力 ☐生产管理与设备管理的能力 ☐设备操作的能力 ☐设备维修能力 ☐设备安装与维护能力 ☐产品设计能力 ☐较强的协调、管理、沟通能力 ☐资料管理能力 ☐获取相关信息资料的能力 ☐专业软件应用的能力 ☐较强的服务意识、责任感 ☐良好的职业道德 其他能力：

续表

您认为我院毕业生应该加强哪些社会能力和素质？	□责任与担当　　□爱岗与敬业　　□吃苦耐劳 □积极主动　　□团队协作　　□规划与执行能力 □书面表达　　□对信息收集与整理能力　　□发现与解决问题能力 □抗压能力　　□自我学习能力　　□阅读与理解能力 □语言表达　　□创新思考能力　　□领导团队能力 其他能力和素质：
您对我院机械制造及自动化专业毕业生有何建议？	

注意：1. 调查目的：及时了解本专业毕业生的就业对口情况，明确行业企业对专业技术人员培养所需的能力要求，以便指导我们加强专业建设和教学改革，提高人才培养的工作水平，感谢支持。

2. 调查人员：教师或者毕业生。

3. 请盖单位/部门公章。

F2.3　问卷题例3

适用专业：模具设计与制造专业。

F2.3.1　毕业生调查问卷（已毕业半年以上的学生用）

亲爱的同学，您好！

感谢您阅读我们的问卷。本次调查主要用于研究，我们对您的答卷绝对保密，并且保证您的回答不会对您和他人带来任何不利的影响，请您如实填写这份问卷，谢谢！

1）您的职称

 A. 初级及以下　　B. 中级　　　　C. 高级

2）您的工作年限

 A. 2年以内　　B. 2~5年　　C. 5~10年　　D. 10年以上

3）您的从业范围

 A. 装备制造行业　　　　　　　　B. 电力行业

 C. 设备安装与维护　　　　　　　D. 其他＿＿＿＿

4）您认为最有用的通识知识

 A. 英语　　　　B. 数学　　　　C. 政治

 D. 体育　　　　E. 计算机文化基础

5）您认为最有用的专业基础知识

 A. 机械制图　　B. 机械基础　　C. 机械设计基础　　D. 电工电子技术

6）您认为最有用的专业知识

 A. 成型工艺及模具设计

 B. 模具数字化设计与制造（模具CAD/CAE/CAM）

 C. 液压与气动技术应用

 D. 冲压成型技术

7）您认为最有用的专业拓展知识

 A. 数控机床机械结构　　　　　　B. CAE软件应用

 C. Pro/E软件应用　　　　　　　D. 3D打印技术

8）最重要的专业基本能力

 A. 识图与制图能力　　　　　　　B. CAD绘图能力

 C. 模具设计能力　　　　　　　　D. 模具选材能力

9）最重要的专业核心能力
A. 模具设计能力　　　　　　　　B. 模具加工能力
C. 模具加工工艺编制能力　　　　D. 模具装调维护能力
10）最重要的基本素质
A. 人文素质　　　B. 心理健康　　　C. 身体健康
D. 人生态度　　　E. 其他：_____
11）最重要的职业素质
A. 责任心　　　　B. 事业心　　　　C. 协作精神
D. 爱岗敬业　　　E. 其他：_____
12）您认为好的教学方法
A. 填鸭式　　　　B. 讨论式　　　　C. 项目式（边做边学）
D. 案例分析　　　E. 应该是多种方式的结合
13）您认为哪个更重要
A. 理论　　　　　B. 实践　　　　　C. 理论和实践都很重要
14）您认为工作中最重要的素质是
A. 职业素质　　　B. 基本素质　　　C. 职业技能　　　D. 人脉关系
15）您认为在母校读书这几年对您现在工作的影响
A. 很有用　　　　B. 有用　　　　　C. 作用不大　　　D. 无用
16）您认为刚毕业的学生最缺乏的是
A. 吃苦耐劳的精神　　　　　　　　B. 理论知识
C. 实践能力　　　　　　　　　　　D. 信心和胆量（对自己的定位）
17）您认为刚毕业的学生应该追求
A. 高工资　　　　　　　　　　　　B. 舒适工作环境
C. 吃苦耐劳学东西　　　　　　　　D. 无所谓
18）在校的3年，您感觉
A. 充实/有意义　　B. 达到目的　　　C. 基本达到目的　　D. 没学到东西
19）您所学专业就业
A. 有发展前景　　B. 工作面窄　　　C. 过得去　　　　D. 其他
20）如果重新选择您会怎么选
A. 复读　　　　　B. 直接就业　　　C. 还是读高职
感谢您对母校的关心和帮助！谢谢！

F2.3.2　专业教学质量调查问卷（已毕业半年以上的学生用）

亲爱的同学：您好！

为了全面、客观、公正地评价本校人才培养质量，完善质量监控与评估体系，推动教学改革，提升毕业生的培养质量和就业竞争力，我们设计了这份关于专业教学质量的调查问卷，希望通过本次问卷调查了解您学习专业课程以及对教学质量评价的有关情况。请按要求回答，答案没有正确与错误之分，您的回答对于这次调查是否获得成功十分重要。谢谢！

请在选项上打"√"。其中：A 满意（正确、好、高）、B 较好（较高）、C 一般（还行）、D 不满意。

问题	单选答案				意见或建议
本专业的培养目标明确、具体、符合社会需求	A	B	C	D	
专业课程的教学目标清晰	A	B	C	D	
专业课程的学习满足您对专业学习的需求	A	B	C	D	
您对本专业的了解和喜爱程度	A	B	C	D	
课程的理论教学和实践教学时间的比例合理	A	B	C	D	
实验实训教学项目数量合适	A	B	C	D	
实验实训教学设备数量满意	A	B	C	D	
比起理论性课程，您更喜欢操作性课程	A	B	C	D	
不开设理论课程，只开设操作性课程	A	B	C	D	
您对核心课程"冲压成型技术"课程教学的满意度	A	B	C	D	
您对核心课程"液压与气动技术应用"课程教学的满意度	A	B	C	D	
您对核心课程"模具制造技术"课程教学的满意度	A	B	C	D	
您对核心课程"塑料模具设计"课程教学的满意度	A	B	C	D	
您对核心课程"塑料成型工艺"课程教学的满意度	A	B	C	D	
您对核心课程"数控机床操作与维护"课程教学的满意度	A	B	C	D	
专业拓展课"数控机床机械结构"课程教学的满意度	A	B	C	D	
专业拓展课"Pro/E 软件应用"课程教学的满意度	A	B	C	D	
专业拓展课"看图与造型"课程教学的满意度	A	B	C	D	
专业拓展课"CAD 技术应用"课程教学的满意度	A	B	C	D	
专业老师的基础理论和专业技能掌握较好	A	B	C	D	
任课教师在课堂教学中做到突出重点、化解难点、讲授熟练、清晰透彻	A	B	C	D	
专业课程的教师能指导操作性实训并进行正规示范	A	B	C	D	
任课教师及时更新内容，介绍学科新动态、新发展、理论联系实际	A	B	C	D	
任课教师课堂教学方法能够引起学生的学习兴趣	A	B	C	D	
老师在教学中善于启发学生思维	A	B	C	D	
老师正确解答学生提出的疑难问题	A	B	C	D	
老师关心学生学习或生活情况	A	B	C	D	
课堂上的学习气氛活跃	A	B	C	D	
您对本专业的学习积极性高	A	B	C	D	
您学习本专业的目的是就业	A	B	C	D	
与进校时相比，通过3年的学习，您的知识和能力得到提高	A	B	C	D	

续表

问题	单选答案				意见或建议
通过3年的专业学习，您的就业信心十足	A	B	C	D	
有必要安排毕业设计	A	B	C	D	
毕业设计的满意程度	A	B	C	D	
期待着顶岗实习	A	B	C	D	
您对本专业的培养质量满意程度	A	B	C	D	
您对学校、专业的满意程度	A	B	C	D	
您对本问卷是否满意	A	B	C	D	
您对本专业的教师满意程度	A	B	C	D	
您认为您的专业课老师不足之处是					
您的意见或建议					

F2.3.3 专业人才需求与毕业生质量调查表（用人单位用）

F2.3.3.1 专业人才需求与岗位调查表

调查企业		邮编		地址	
填表人		职务		电话	
近3年内对高职层次专业人才需求	需求：□1~3人；□4~6人；□7~10人；□更多人 变化趋势：□上升；□下降；□无变化 薪酬标准：□4 000元以下；□4 000~6 000元；□6 000~8 000元；□更多				
能为该专业学生提供哪些类型的工作岗位	□设备操作员　　　　　□模具及设备维修工 □模具装调工　　　　　□模具生产管理员 □模具品质管理员　　　□产品设计员 □工艺员　　　　　　　□模具技术管理员 还能为该专业学生提供哪些类型的工作岗位：				

续表

企业认为该专业的学生最应具备的三项能力	☐具有识读和测绘工程图的能力　　☐具有生产组织的能力 ☐具有设备维护的能力　　☐具有工艺规程编写能力 ☐具有设备操作的能力　　☐具有获取相关信息资料的能力 ☐专业软件应用能力　　☐具有技术开发能力 该专业学生还应具备哪些能力：
企业认为该专业学生最需学习的5门课程	☐机械制图与CAD　　☐机械基础　　☐机械设计基础　　☐公差测量 ☐电工电子　　☐模具机械制造技术　　☐液压与气动　　☐生产管理 ☐机床夹具设计　　☐塑料模具设计　　☐模具CAD/CAE/CAM应用 ☐塑料成型工艺　　☐数控机床操作与维护 ☐冲压模具设计　　☐冲压成型技术 企业认为该专业学生还需学习哪些课程：
其他建议	

注意：调查目的是及时了解行业企业对本专业人才需求状况，收集本专业人员从业岗位范围，明确行业企业对专业技术人员培养所需的专业知识、能力、素质的要求，以便指导我们加强专业建设和教学改革，提高人才培养的工作水平，感谢支持。

F2.3.3.2　毕业生质量调查表

单位名称	
单位性质	☐民营企业　　☐国有企业　　☐机关事业　　☐三资企业　　☐股份制企业
毕业生工作时间跨度	☐1～6年　　☐2～8年　　☐3～10年
毕业生专业对口情况	☐完全对口　　☐基本对口　　☐不对口
您认为学生所学专业	☐适应工作需要　　☐基本适应工作需要　　☐与社会需求距离较大
您认为我院毕业生具备了哪些方面的专业能力？	☐识读和绘制零件图和装配图的能力　　☐生产组织的能力 ☐编制模具加工工艺规程的能力　　☐生产管理与设备管理的能力 ☐设备操作的能力　　☐设备维修能力 ☐模具加工生产能力　　☐模具设计能力 ☐较强的协调、管理、沟通能力　　☐资料管理能力 ☐获取相关信息资料的能力　　☐专业软件应用的能力 其他能力：

续表

您认为我院毕业生应加强哪方面的专业能力？	□识读和绘制零件图和装配图的能力 □编制模具加工工艺规程的能力 □设备操作的能力 □模具加工生产能力 □较强的协调、管理、沟通能力 □获取相关信息资料的能力 其他能力：	□生产组织的能力 □生产管理与设备管理的能力 □设备维修能力 □模具设计能力 □资料管理能力 □专业软件应用的能力
您认为我院毕业生应该加强哪些社会能力和素质？	□责任与担当　　□爱岗与敬业 □积极主动　　　□团队协作 □书面表达　　　□对信息收集与整理能力 □抗压能力　　　□自我学习能力 □规划与执行能力□创新思考能力 其他能力和素质：	□吃苦耐劳 □语言表达 □发现与解决问题能力 □阅读与理解能力 □领导团队能力
您对我院模具设计与制造专业的毕业生有何建议		

注意：1. 调查目的：及时了解本专业毕业生的就业对口情况，明确行业企业对专业技术人员培养所需的能力要求，以便指导我们加强专业建设和教学改革，提高人才培养的工作水平，感谢支持。

2. 调查人员：教师或者毕业生。

3. 请盖单位/部门公章。

F2.4　问卷题例 4

适用专业：汽车检测与维修技术专业。

F2.4.1　毕业生调查问卷（已毕业半年以上的学生用）

亲爱的同学，您好！

感谢您参与我们的调查问卷。本次调查是用于我系"汽车检测与维修技术专业"教学研究，您真诚的建议和意见将作为我们今后专业办学和人才培养的参考。我们对您的答卷绝对保密，并且保证您的回答不会对您和他人带来任何不利的影响，请您如实填写这份问卷。感谢您对母校的关心和帮助！谢谢！

1）您的职称

　A. 初级及以下　　　B. 中级　　　C. 高级

2）您的工作年限

　A. 2 年以内　　B. 2~5 年　　C. 5~10 年　　D. 10 年以上

3）您的从业范围

　A. 汽车维修行业　　　　　　　B. 汽车性能检测行业

　C. 汽车营销行业　　　　　　　D. 汽车保险行业

　E. 汽车租赁行业　　　　　　　F. 其他

4）您认为最有用的通识知识是［多选题］

　A. 英语　　　B. 数学　　　C. 政治

　D. 体育　　　E. 计算机文化基础

5）您认为最有用的专业基础知识是［多选题］

　A. 机械识图　　　B. 汽车机械基础　　　C. 汽车材料

　D. 汽车电工电子基础　　　　　E. 汽车概论

6）您认为最有用的专业知识是［多选题］

　A. 汽车发动机构造与检修　　　B. 汽车发动机电控技术

　C. 汽车底盘构造与检修　　　　D. 自动变速箱检修

　E. 汽车底盘电控技术　　　　　F. 汽车故障诊断与排除

7）您认为最有用的专业拓展知识是［多选题］

　A. 汽车保险与理赔　　　　　　B. 二手车评估与交易

　C. 汽车空调　　　　　　　　　D. 汽车局域网技术

　E. 汽车配件管理

8) 您认为最重要的专业基本能力是 [多选题]

A. 制图与识图能力　　　　　　　　B. 机械基础认知能力

C. 汽车材料识别能力　　　　　　　D. 电工电子检测能力

9) 您认为最重要的专业核心能力是 [多选题]

A. 发动机检测维修　　　　　　　　B. 底盘检测维修

C. 检测设备操作　　　　　　　　　D. 整车综合故障诊断

10) 您认为大学生最重要的基本素质是 [多选题]

A. 人文素质　　　B. 心理健康　　　C. 身体健康　　　D. 人生态度

11) 您认为大学生最重要的职业素质是 [多选题]

A. 责任心　　　　B. 事业心　　　　C. 协作精神　　　D. 爱岗敬业

12) 您最喜欢的教学方法是

A. 讲授式　　　　B. 讨论式　　　　C. 项目式（边做边学）

D. 案例分析　　　　　　　　　　　E. 应该是多种方式的结合

13) 您认为以下哪种知识更重要

A. 理论知识　　　B. 实践知识　　　C. 理论和实践知识都很重要

14) 您觉得在工作中最重要的素质是 [多选题]

A. 职业素质　　　B. 基本素质　　　C. 职业技能

D. 人脉关系　　　E. 沟通协调能力

15) 您认为在母校读书这几年对您现在工作的影响力如何

A. 影响很大　　　B. 影响较大　　　C. 影响不大　　　D. 无影响

16) 您认为刚毕业的时候最缺乏的是

A. 吃苦耐劳的精神　　　　　　　　B. 理论知识

C. 实践能力　　　　　　　　　　　D. 信心和技能（对自己的定位）

17) 您认为刚刚毕业的时候应该追求

A. 高工资　　　　　　　　　　　　B. 个人发展的空间

C. 吃苦耐劳学东西　　　　　　　　D. 无所谓

18) 在校的 3 年您感觉

A. 充实/有意义　　　　　　　　　B. 达到目的

C. 基本达到目的　　　　　　　　　D. 没学到东西

19) 您所学专业就业

A. 有发展前景　　B. 工作面窄　　　C. 过得去　　　　D. 其他

20) 如果重新选择您会怎么选

A. 复读　　　　　B. 直接就业　　　C. 还是读高职

21) 您对"汽车检测与维修技术专业"人才培养的意见和建议

再次感谢您的参与！

F2.4.2 专业教学质量调查问卷（已毕业半年以上的学生用）

亲爱的同学：您好！

为了全面、客观、公正地评价本校人才培养质量，完善质量监控与评估体系，推动教学改革，提升毕业生的培养质量和就业竞争力，我们设计了这份关于专业教学质量的调查问卷，希望通过本次问卷调查了解你学习专业课程以及对教学质量评价的有关情况。请按要求回答，答案没有正确与错误之分，你的回答对于这次调查是否获得成功十分重要。谢谢！

请在选项上打"√"。其中：A 满意（正确、好、高）、B 较好（较高）、C 一般（还行）、D 不满意。

问题	单选答案				意见或建议
本专业的培养目标明确、具体、符合社会需求	A	B	C	D	
专业课程的教学目标清晰	A	B	C	D	
专业课程的学习满足你对专业学习的需求	A	B	C	D	
你对本专业的了解和喜爱程度	A	B	C	D	
课程的理论教学和实践教学时间的比例合理	A	B	C	D	
实验实训教学项目数量合适	A	B	C	D	
实验实训教学设备数量满意	A	B	C	D	
比起理论性课程，你更喜欢操作性课程	A	B	C	D	
你对开设理论课程与开设操作性课程的比例满意度	A	B	C	D	
你对核心课程"汽车发动机机械系统检修"课程教学的满意度	A	B	C	D	
你对核心课程"汽车底盘机械系统检修"课程教学的满意度	A	B	C	D	
你对核心课程"汽车车身电气检修"课程教学的满意度	A	B	C	D	
你对核心课程"汽车发动机电控系统检修"课程教学的满意度	A	B	C	D	
你对核心课程"汽车底盘电控系统检修"课程教学的满意度	A	B	C	D	
你对核心课程"整车故障诊断与排除"课程教学的满意度	A	B	C	D	
专业拓展课"汽车空调"课程教学的满意度	A	B	C	D	
专业拓展课"二手车评估与交易"课程教学的满意度	A	B	C	D	
专业拓展课"汽车配件管理"课程教学的满意度	A	B	C	D	
专业拓展课"汽车销售"课程教学的满意度	A	B	C	D	
专业老师的基础理论和专业技能掌握较好	A	B	C	D	
任课教师在课堂教学中做到突出重点、化解难点、讲授熟练、清晰透彻	A	B	C	D	
专业课程的教师能指导操作性实训并进行正规示范	A	B	C	D	
任课教师及时更新内容，介绍学科新动态、新发展、理论联系实际	A	B	C	D	
任课教师课堂教学方法能够引起学生的学习兴趣	A	B	C	D	
老师在教学中善于启发学生思维	A	B	C	D	

续表

问题	单选答案				意见或建议
老师正确解答学生提出的疑难问题	A	B	C	D	
老师关心学生学习或生活情况	A	B	C	D	
课堂上的学习气氛活跃	A	B	C	D	
你对本专业的学习积极性高	A	B	C	D	
你学习本专业的目的是就业	A	B	C	D	
与进校时相比，通过3年的学习，你的知识和能力得到提高	A	B	C	D	
通过3年的专业学习，你的就业信心十足	A	B	C	D	
你对安排毕业顶岗实习课程的满意程度	A	B	C	D	
毕业顶岗实习学到知识和技能的满意程度	A	B	C	D	
你对顶岗实习的适应性	A	B	C	D	
你对本专业的培养质量满意程度	A	B	C	D	
你对学校、专业的满意程度	A	B	C	D	
你对本问卷的合理性是否满意	A	B	C	D	
你对本专业的教师满意程度	A	B	C	D	
你认为你的专业课老师还需要加强哪方面的业务提升？					
你对本专业的宝贵意见或建议					

F2.4.3 专业人才需求与毕业生质量调查表（用人单位用）

F2.4.3.1 专业人才需求与岗位调查表

调查企业		邮编		地址	
填表人		职务		电话	
近3年内对高职层次专业人才需求	人才需求：□1~3人； □4~6人； □7~10人； □更多人				
	变化趋势：□上升； □下降； □无变化； □不确定				
	薪酬标准：□2 000元以下； □2 000~3 000元； □3 000~4 000元； □更多				

续表

近3年内对汽车类毕业生需求的专业	□汽车检测与维修专业　□汽车电子技术专业　□汽车营销与服务专业 □新能源汽车专业　□汽车智能网联专业
能为该专业学生提供哪些工作岗位	□技术助理　□设备操作员　□设备检修员　□资料员 □营销员　□质检员　□工艺员 还能为该专业学生提供哪些类型的工作岗位：
招聘毕业生时最重视的前三项	□学习成绩　□综合素质　□外表形象　□所学专业　□社交能力 □表达能力　□外语水平　□实际动手能力　□应变能力
企业认为该专业的学生最应具备的三项能力	□汽车维修保养能力　　　　□识读和绘制零件图和装配图的能力 □汽车零配件识别的能力　　□汽车发动机检测与维修能力 □汽车底盘检测与维修能力　□汽车设备仪表使用操作的能力 □汽车电器设备维修能力　　□汽车故障检测与排除能力 □汽车空调检修能力 该专业学生还应具备哪些能力：
企业认为该专业学生最需学习的5门课程	□机械识图　　□汽车机械基础 □电工电子　　□汽车发动机构造与检修　□汽车发动机电控技术 □汽车概论　　□汽车底盘构造与检修　　□汽车电气与电子技术 □汽车空调　　□汽车底盘电控技术　　　□自动变速箱检修 □汽车销售　　□汽车局域网技术　　　　□汽车故障诊断与排除 □汽车材料　　□汽车配件管理　　　　　□二手车评估与交易 企业认为该专业学生还需学习哪些课程：
其他建议	

注意：调查目的是及时了解行业企业对本专业人才需求状况，收集本专业人员从业岗位范围，明确行业企业对专业技术人员培养所需的专业知识、能力、素质的要求，以便指导我们加强专业建设和教学改革，提高人才培养的工作水平，感谢支持。

F2.4.3.2　毕业生质量调查表

单位名称	
单位性质	□民营企业　□国有企业　□机关事业　□三资企业　□股份制企业
毕业生工作时间跨度	□1～6年　□2～8年　□3～10年
毕业生专业对口情况	□完全对口　□基本对口　□不对口
您认为学生所学专业	□适应工作需要　□基本适应工作需要　□与社会需求距离较大

续表

您认为我院毕业生具备了哪些方面的专业能力？	□汽车维修保养能力 □汽车零配件识别的能力 □汽车底盘检测与维修能力 □汽车电器设备维修能力 □汽车空调检修能力 其他能力：	□识读和绘制零件图和装配图的能力 □汽车发动机检测与维修能力 □汽车设备仪表使用操作的能力 □汽车故障检测与排除能力	
您认为我院毕业生应加强哪方面的专业能力？	□汽车维修保养能力 □汽车零配件识别的能力 □汽车底盘检测与维修能力 □汽车电器设备维修能力 □汽车空调检修能力 其他能力：	□识读和绘制零件图和装配图的能力 □汽车发动机检测与维修能力 □汽车设备仪表使用操作的能力 □汽车故障检测与排除能力	
您认为我院毕业生应该加强哪些社会能力和素质？	□责任与担当 □积极主动 □书面表达 □抗压能力 □规划与执行能力 其他能力和素质：	□爱岗与敬业 □团队协作 □对信息收集与整理能力 □自我学习能力 □创新思考能力	□吃苦耐劳 □语言表达 □发现与解决问题能力 □阅读与理解能力 □领导团队能力
您对我院汽车检测与维修技术专业毕业生有何建议			

注意：1. 调查目的：及时了解本专业毕业生的就业对口情况，明确行业企业对专业技术人员培养所需的能力要求，以便指导我们加强专业建设和教学改革，提高人才培养的工作水平，感谢支持。

2. 调查人员：教师或者毕业生。

3. 请盖单位/部门公章。

参 考 文 献

[1] 劳耐尔,赵志群,吉利. 职业能力与职业能力测评[M]. 北京:清华大学出版社,2010.
[2] 高帆,赵志群,黄方慧. 职业能力测评方法的发展[J]. 中国职业技术教育,2017(35):9-16.
[3] 赵志群,庄榕霞. 职业院校学生职业能力测评的研究[J]. 职教论坛,2012,511(03):4-7.
[4] 赵志群,黄方慧. 职业能力测评方法的质量控制——以COMET为例[J]. 上海教育评估研究,2019,8(01):14-18.
[5] 赵志群,菲利克斯·劳耐尔.《COMET职业能力测评方法手册》[M]. 北京:高等教育出版社,2018.
[6] 陈伟珍,李晓红. 机电类专业基于COMET职业能力测评开展实践教学的研究[J]. 装备制造技术,2020(01):182-183,190.
[7] 庄榕霞,赵志群. 职业院校学生职业能力测评的实证研究[M]. 北京:清华大学出版社,2010.
[8] 赵志群. 职业能力测评的若干问题[J]. 顺德职业技术学院学报,2018,16(01):1-5,18.
[9] 胡方霞,刘文晶,黄河清. 基于COMET的职业能力测评研究与实践——以重庆工商职业学院为例[J]. 重庆广播电视大学学报,2021,33(04):3-9.
[10] 张志新,赵志群. 职业教育教师职业能力测评研究现状与展望[J]. 中国职业技术教育,2015(12):63-67.
[11] 李晓红,周涛,陈伟珍. 高职机电类专业学生职业能力测评的研究[J]. 装备制造技术,2018(01):159-161.
[12] 李俊涛. 高职学生职业能力测评模型的构建[J]. 花炮科技与市场,2019(01):113.
[13] 李晓红,张翔,陈伟珍. 基于学生能力培养的职业院校教学诊断与改进研究[J]. 装备制造技术,2018(09):212-214.
[14] 张志新,赵志群,田锦友. 我国职校教师职业能力的大尺度诊断及其启示——对全国五大行政区36所职校的研究[J]. 中国电化教育,2021(12):55-64.
[15] 刘文晶. COMET职业能力模型的应用研究[J]. 科技视界,2021(27):112-114.
[16] 陈伟珍,李晓红. 基于COMET能力模型的机电专业教学诊改研究与实践[J]. 装备制造技术,2021(08):137-141.
[17] 陈伟珍,刘棣中. 职业能力测评在高职教育中的应用[J]. 装备制造技术,2018(10):194-197.